뇌섹 퀴즈

뇌섹 퀴즈

| 개정판 |

서범식 지음

평범한 사람의 엉뚱한 생각
엉뚱한 사람의 평범한 생각

좋은땅

　2016년 연말즈음 TV 채널을 돌려 보다 tvN에서 방송 중이던 '문제적 남자' 프로그램을 처음으로 접하게 되었다. 이후 이 프로그램에서 방송하는 독특하고 기발한 퀴즈 문제에 매료되어 동참하고 싶은 마음에 제보한 문제가 180개에 달했다. 그중 몇 문제는 간간히 방송되어 '소확행'을 느끼기도 하였다.

　2019년 여름, 휴식기에 들어간 '문제적 남자'를 아쉬워하며, 그 동안 제보한 문제가 사라지게 될 것 같아 아까웠고, 여러 뇌섹인들과 공유하고 싶은 생각에 책으로 만들게 되었다.

　다소 아재 개그스럽고 엉뚱한 퀴즈는 시험 문제 출제 권한이 있는 출제자의 의도라고 생각하여 풀어 주길 바라며, 기발하고 멋진 퀴즈는 풀이의 쾌감을 느끼면서 잠시나마 손에 쥐고 있는 스마트폰의 킬링 타임을 대체하는 시간이 되기를 기대해 본다.

　2년여 가까이 퀴즈 문제 제보에서부터 책 출판에 이르기까지 노트북 앞에 앉아 있는 모습을 이해해 준 아내 숙이와 민혁이, 민경이, 민지에게 사랑한다는 말을 하고 싶고, 출판에 도움을 주신 좋은땅 출판사 관계자 여러분께 감사의 말씀을 드린다.

2019년 가을에
서범식

목 차

머리말 4

• 뇌섹 퀴즈 •

• 뇌섹 퀴즈 •

SECTION I
(뇌섹 퀴즈 001 ~ 050)

빈칸에 들어가는 철자는 무엇일까요?

순서에 따른 철자는

O→T→T→F→F→S→S→ (   )

빈칸에 들어가는 단어는 무엇일까요?

순서에 따른 단어는

Persimmon → Wall → Mind → (   ) → Sleep

별 5개를 한번에 그리세요.

맥아더 장군을 한번에

뇌섹인은 맥아더 장군을 보고 별 5개를 한번에 그리고 싶어졌다. 어떻게 해야 할까?

물음표에 들어갈 동물은 무엇일까요?

동물을 찾아라

그림에 1을 더하면 동물이 된다. 물음표는 어떤 동물일까?

빈칸에 들어가는 한자 한 글자는 무엇일까요?

순서에 따른 한자는

한자들이 연결되어 있다. 물음표에 들어가는 한자는 무엇
일까?

二 → 三 → 五 → (?) → 百

저격수가 간 곳은 어디일까요?

저격수의 행방

뇌섹 저격수가 사격 연습장에서 총알 3발을 쏜 후 사라졌다. 저격수가 간 곳은 어디일까?

1. 백화점   2. 공항   3. 박물관   4. 공원   5. 바닷가

물음표에 해당하는 광물자원은 무엇일까요?

광물자원 보유국

대륙 국가별로 보유한 광물자원이다. 물음표에 해당하는
광물자원은 무엇일까?

국가	쿠바	나이지리아	싱가폴	오스트리아
광물자원	구리	니켈	황	?

물음표에 들어가는 숫자는 무엇일까요?

숫자를 찾아라

직사각형 뇌섹 상자 안에 숫자들이 들어 있다. 물음표에
들어갈 숫자는 무엇일까?

165	101	?	17	10
132	99	20	15	8	6

15

물음표에 들어가는 숫자는 무엇일까요?

숫자를 찾아라 2

일곱 개의 뇌섹 상자 안에 알파벳과 숫자들이 들어 있다.
물음표에 들어갈 숫자는 무엇일까?

Y	H	L	E	T	R	R
6	3	?	2	4	7	5
F	M	A	J	A	S	0

백설공주를 쓰러뜨린 자는 누구일까요?

백설공주의 다잉 메시지

일곱 난쟁이 집에 머물던 백설공주가 거울이 달린 책상에 쓰러졌다. 백설공주는 책상 위에 두 글자의 다잉 메시지를 남겼는데, 과연 백설공주를 쓰러뜨린 범인은 누구일까?

1. 육류 포식으로 **위**가 늘어난 **사냥꾼**
2. 평소 백설공주를 시기했던 **두 언니**
3. 거울을 보며 **예쁜 건 나**라 했던 **계모**
4. 집 앞 **서쪽 동쪽**을 말 타고 다녔던 **왕자**

리트리버와 푸들 사이에 있는 강아지는 무엇일까요?

합이 같은 강아지

뇌섹인이 무술년 황구해를 맞이하여 애견숍에서 '입 구 (口)'자 모양의 10개 방에서 강아지 55마리를 관리하게 되었다.

강아지를 같은 품종으로 격리하는데, 가로세로 합이 같도록 격리하고 싶은 욕망이 생겼다. 어떻게 해야 할까?

〈강아지 종류〉

불독 1마리, 진돗개 2마리, 삽살개 3마리, 셰퍼드 4마리, 리트리버 5마리, 치와와 6마리, 비숑 7마리, 푸들 8마리, 시츄 9마리, 말티즈 10마리

A	B	C	D
E			F
G	H	I	J

중앙 D에 있게 된 강아지는 무엇일까요?

합이 같은 강아지 2

뇌섹인이 애견숍에서 잘 관리하고 있던 강아지 45마리를 공원에서 산책시키기로 하였다. 말티즈 10마리는 이미 분양이 된 상태다. 점심시간이 되자 4개의 원형 울타리에 강아지 45마리를 잠시 넣어 두고자 하는데, 원형별 강아지 마리 수 합이 같도록 격리하고 싶은 욕망이 또 생겼다. 어떻게 해야 할까?

(다만 F구역은 보수중이라 강아지가 있을 수 없다.)

〈강아지 종류〉

불독 1마리, 진돗개 2마리, 삽살개 3마리, 셰퍼드 4마리, 리트리버 5마리, 치와와 6마리, 비숑 7마리, 푸들 8마리, 시츄 9마리

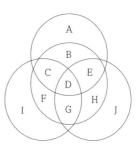

물음표에 들어가는 단어는 무엇일까요?

파트너를 찾아라

영어단어가 1대1 대응하고 있다. 물음표의 파트너는 무엇일까?

East : Tie

Bird : Crow

King : Shield

Sun : ?

건강검진표상 물음표는 어떤 동물일까요?

동물들의 건강검진

뇌섹 Animal Land 동물들이 건강검진을 했다.
화학 반응이 나타난 검진표가 나왔는데, 물음표는 어떤
동물일까?

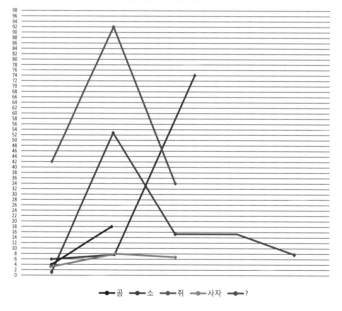

동물들의 건강검진

곰 소 쥐 사자 ?

다음에서 나는 누구일까요?

비슷한데 있고 없고

나는 백설공주에게는 있지만, 신데렐라에게는 없습니다.

나는 야수에게는 있지만, 미녀에게는 없습니다.

나는 에베레스트에는 있지만, 킬리만자로에는 없습니다.

나는 미시시피강에는 많이 있지만, 나일강에는 하나도 없습니다.

나는 별에는 있지만, 달에는 없습니다.

나는 누구일까요?

괄호 안에 들어가는 음표는 무엇일까요?

우주여행 축하곡

뇌섹인이 태양계 여행 도중 달력의 일정을 확인한 후, 우주
여행 축하곡을 작곡하였다. 아래 마디 괄호안의 음표는 무
엇일까?

물음표에 들어가는 단어는 무엇일까요?

파트너를 찾아라 2

영어단어가 1대1 대응하고 있다. 물음표의 파트너는 무엇
일까?

King : Bead

Human : Fire

Stream : Province

Proficient : ?

꿀벌의 여행길 이름은 무엇일까요?

꿀벌의 여행길

5월 어느 날, 무지개 마을에 사는 꿀벌 한 마리가 봄 여행을 떠났다. 길 이름은 무엇일까?

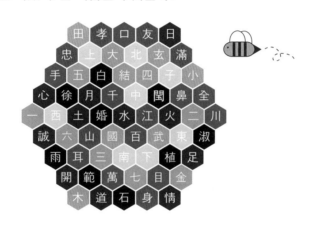

공항에 들어온 스파이는 어디로 갔을까요?

스파이의 행방

공항에 입국한 뇌섹 스파이가 입고 있던 검은 망토를 잘라 버리고, 미로가 그려진 메모지 1장을 남긴 채 사라졌다. 어디로 갔을까?

할아버지가 남긴 메시지 속의 범인은 누구일까요?

할아버지의 다잉 메시지

뇌섹 아파트 101호에 사시는 장기를 좋아하는 할아버지가 노인정에서 죽음을 당하였다. 할아버지는 지난 새벽에 찍었던 아파트 사진과 함께 장기알에 다잉 메시지를 남겼다. 범인은 누구일까? (노란색은 새벽에 불 켜진 집이다.)

1001	1002	1003	1004	1005	1006
901	902	903	904	905	906
801	802	803	804	805	806
701	702	703	704	705	706
601	602	603	604	605	606
501	502	503	504	505	506
401	402	403	404	405	406
301	302	303	304	305	306
201	202	203	204	205	206
101	102	103	104	105	106

1. 자장면 내기 장기에서 많이 졌던 706호 김만득 할아버지

2. 평소 층간소음으로 다툼이 있었던 201호 나고요 운동선수

3. 담배 흡연 문제로 창피를 당했던 601호 이누런 대학생

4. 노인에게 건강음료를 외상 판매한 1004호 다단계 판매원

혜성 2개가 초승달을 지나면 초승달은 최대 몇 조각이 될 까요?

초승달을 지나간 혜성

어느 날 밤, 뇌섹인이 산책을 하다가 초승달을 바라보게 되었다. 그런데 놀랍게도 초승달의 면적 사이로 긴 꼬리를 단 혜성이 2개 지나가는 것이 아닌가!

초승달에 혜성이 지나간 잔상이 그대로 남아 있는데, 놀라운 것은 초승달이 생각보다 많은 조각으로 나뉘어진다는 것을 알게 되었다. 초승달은 최대로 몇 조각으로 나누어질까?

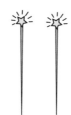

혜성 3개가 카시오페이아를 지나면 삼각형은 최대 몇 개가 될까요?

카시오페이아와 혜성

초승달은 본 다음날 밤, 뇌섹인은 카시오페이아 별자리를 보게 되었다. 잠시 후 아주 긴 꼬리의 혜성 3개가 카시오페이아 별자리를 지나가는 것이 아닌가!
카시오페이아에 혜성이 지나간 잔상이 그대로 남아 있는데, 보여지는 삼각형 개수는 최대로 몇 개였을까?

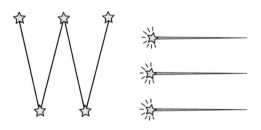

한글연구소 로비에 걸려 있는 시계는 몇 시일까요?

한글연구소 시계

한글날 뇌섹인이 한글연구소를 방문하였다. 네 번째 시계
는 몇 시일까?

전선 위 참새들이 날아가는 곳은 어디일까요?

참새들이 가는 곳은

어느 봄날 참새 12마리가 쉬기 위해 전선 위에 앉는 장면이 순간 포착되었다. 참새들은 휴식이 끝나면 어디로 날아갈까?

다음에서 나는 누구일까요?

삼촌이 많아요

나는 삼촌이 스무 명 있습니다.

두 번째 삼촌은 하늘에서 내려와 둥그런 모습을 띄고,

세 번째 삼촌은 땅에서 올라와 나를 부릅니다.

여덟 번째 삼촌은 건물 복도에서 자주 만납니다.

열아홉 번째 삼촌과 열세 번째 삼촌은 같이 서 있으면 작아

보이지만,

막내인 스무 번째 삼촌은 가장 키가 큽니다.

제일 그리운 여섯 번째 삼촌은 가을에 만나기로 했습니다.

삼촌 모두를 사랑하는 나는 누구일까요?

포토존 중앙에 서게 되는 사람은 어느 나라일까요?

포토존의 주인공은

아프리카 말리에 사는 '아쁘리'는 유럽의 SNS 친구들에게
자국여행을 초대하였다. 여행 중 오색 돌담 포토존에서 인
증샷 촬영을 하는데, 아직 자리를 잡지 못한 친구는 어느
나라 출신일까?

다음 식을 계산하면 물음표는 얼마일까요?

나누면 커지고 곱하면 작아지고

뇌섹인 조카가 운동을 하고 나서 언짢은 듯 수학문제를 풀고 있다.

뇌섹인이 보기에는 계산이 틀렸지만, 대학생 조카는 안 좋은 기분으로 맞는 계산이라고 한다. 네 번째 문제를 계산하면 얼마일까?

7/70 X 8/80 = 70

7070 X 8080 = 48

7/7070 X 8/8080 = 85

707/70 X 808/80 = ?

707070 X 808080 = 63

다음 바둑알 등식을 계산하세요.

바둑알을 계산하면

흑백 바둑알 덧셈이다. 등식이 되려면 물음표는 어떻게 될까?

○○●● + ○●○● = ●○○○
○○●○ + ●○●● = ●●○●
○●●○ + ○●●○ = ●●○○
○●○● + ●○○● =   ?

유치원 한글시간에 배우는 자음은 무엇일까요?

유치원 한글시간

뇌섹 유치원 한글시간이다. 물음표에 들어가는 자음은 무엇일까?

ㄴ ㅅ ㄴ : ㄱ

ㅂ ㅇ ㄹ : ㄷ

ㅊ ㄱ ㄹ : ㅁ

ㄱ ㅎ ㅈ : ㅂ

ㅅ ㅇ ㅈ : ?

플로리스트가 화원에 남긴 메시지는 무엇일까?

플로리스트의 다잉 메시지

어느 유명 화원에서 꽃 전시회 도중 플로리스트가 죽음을
당하였다. 그녀는 범인의 명찰 일부를 잡으면서 쓰러졌는
데, 범인은 누구일까?
(화원 입장객들은 종이로 제작된 영문 닉네임 명찰을 달고
입장했었다.)

1. 동물 애호가 "팬더 한 마리, 사람 한 명" 씨
2. 청소년 상담사 "나쁜 소년 없고, 착한 소년만" 씨
3. 식물 애호가 "아름다운 꽃, 위대한 나무" 씨
4. 우울증 치료사 "스트레스 받는 몸, 잃어버린 애완동물" 씨

성냥개비를 6개 이동하여 등식을 맞게 고치세요.

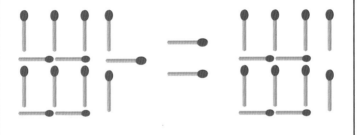

빠삐를 등식으로

시골에 놀러간 뇌섹인이 원두막에서 성냥개비 문제를 풀었다. 등식이 되려면 어떻게 해야 할까?

성냥개비를 2개 이동하여 등식을 맞게 고치세요.

전력회사 친구로부터

뇌섹인이 전력회사에 근무하는 친구로부터 성냥개비 문제를 풀면 맥주 한잔을 사겠다는 제안을 받았다.
등식이 성립되려면 어떻게 해야 할까?

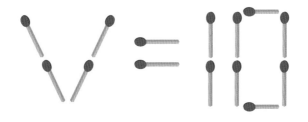

꽃잎 속의 물음표에 해당하는 숫자는 무엇일까요?

꽃잎 속의 숫자

다섯 꽃잎 속에 숫자들이 숨어 있다. 물음표에 해당하는 숫
자는 무엇일까?

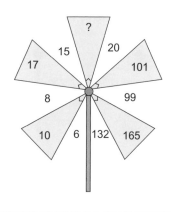

물음표에 들어갈 악기는 무엇일까요?

동서양 악기의 만남

음대를 다니는 뇌섹인의 여친이 이상한 계산을 하고 있다.
뇌섹인이 다섯 번째 계산식을 풀어야 오늘 저녁 여친과의
데이트가 가능한데, 일단 현악 3중주를 모르겠다. 물음표
악기는 무엇일까?

얼후 + 해금 = 우쿨렐레
우쿨렐레 + 해금 = 거문고
바이올린 + 첼로 = 만돌린
비올라 + 거문고 = 해금 + 만돌린
현악 3중주(X + Y + Z) = ?

다음에서 나는 누구일까요?

거울을 보아도 그대로

나는 거울을 보아도 물구나무를 서도 모습이 그대로입니다.
나는 살이 찌면 사람들이 몰라보고, 뱃살이 나오거나 뱃살이 줄어도 몰라봅니다.
나는 앞장서기를 좋아하며, 사람들은 그런 나를 좋아합니다.
나는 친한 친구와 함께하면 밝은 세상을 만들며, 천사의 모자를 쓰게 되면 가치가 커집니다.
나는 누구일까요?

꽃들의 향기가 전해지는 시기는 언제일까요?

꽃들의 향기

어느 꽃내음이 가득한 달, 계절에 상관없이 꽃들은 언제 모였을까?

크리스마스를 맞은 서울 산타의 고민은 무엇일까요?

서울 산타의 고민

서울 산타가 크리스마스 선물 전달에 애로사항이 있어서 상담하기 위해 부산 산타를 만났다. 대화에서 나타나는 서울 산타의 고민인 이것은 무엇일까?

서울 산타: 씨티화된 서울 생활에 애로사항이 있어 찾아왔네.

부산 산타: 에이취~ 감기가 일주일째라 오시라 했는데 무슨 일인겨?

서울 산타: 아이들은 미래의 희망인데 이것이 나를 힘들게 하네.

부산 산타: 앰합니더. 그거 가지고 그러면 어캅니까?
　　　　　 앤간하면 다른 방법도 활용하고 참고하이소.

서울 산타: 이 일을 그렇게까지 계속해야 하는가 싶어.

부산 산타: 와이카노. 그래도 사명감을 가지고 열심히 해야제.

여친에게 사랑을 확인시켜 주려면 어떻게 해야 할까요?

사랑의 나뭇잎

뇌섹인과 데이트 중이던 여친이 나뭇가지 하나를 주우며 말했다. 나뭇잎을 떼면서 서로 사랑하고 있는지 확인하자며, 빨간 나뭇잎은 마지막에 자기가 떼고 싶다고 한다. 뇌섹인은 어떻게 해야 할까? (나뭇잎은 서로 번갈아 떼며, 한번에 1개 또는 2개를 뗄 수 있다.)

물음표에 들어가는 알파벳은 무엇일까요?

알파벳 조모임

알파벳이 조별로 모였다. 잠시 휴식을 취하는데 물음표
는 무슨 조일까?

W		MF		MF		MF
		M		C		M
E		E		M		E
				E		CS
< A >		< ? >		< C >		< M >

프로그래머가 남긴 메시지 속의 범인은 누구일까요?

프로그래머의 다잉 메시지

프로그래머가 오목을 두다가 상대방에 의해 쓰러졌다. 프로그래머는 손가락 을 표시하였는데, 범인은 누구일까?

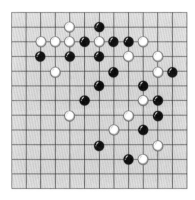

1. 新 프로그램 공동개발자 221호 연구실 프로그래머 고알파 씨

2. 불법다운로드 적발된 같은 APT 22층 거주 S/W 기사 안보안 씨

3. 길 건너 복합상가 11층에서 바둑 영업중인 채무자 채기원 씨

4. 311동 21호 근무중인 프로그램 판매 경쟁업체 직원 김프로 씨

성냥개비를 5개 이동하여 등식을 맞게 고치세요.

펜스는 하나다

통나무 펜스로 담장이 쳐진 산장에서 하룻밤 묵게 된 뇌섹인이 성냥개비 문제를 풀었다. 등식이 성립하려면 어떻게 해야 할까?

성냥개비를 3개 이동하여 등식을 맞게 고치세요.

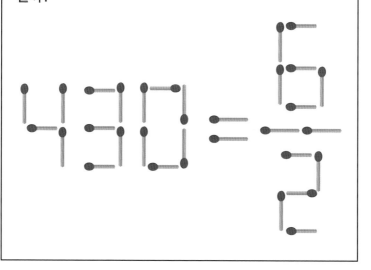

자연수는 분수

자연수가 분수와 만났다. 등식이 성립하려면 어떻게 해야
할까?

프랑스 선수가 투숙한 방은 어디일까요?

투숙한 방을 찾아라

평창 동계올림픽에 참가하기 위해 세계 각국 선수들이 뇌섹 호텔에 투숙하게 되었다. 프랑스 선수들은 몇 호에 투숙하게 되었을까?

뇌섹호텔				
501	502	503	504	531
401	402	403	404	431
301	302	303	304	331
201	202	203	204	231
101	102	103	104	131

〈세계 각국별 투숙하는 방〉

루마니아 = 531호

아일랜드 = 402호

이탈리아 = 401호

나이지리아 = 404호

프랑스 = ?

QR 코드가 의미하는 것은 무엇일까요?

QR 코드의 의미

어느 뇌섹인의 신분증에 그의 직업을 의미하는 QR 코드가 있다. 직업은 무엇일까?

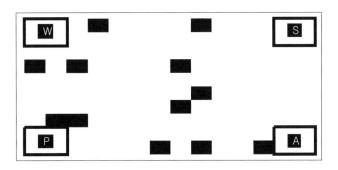

1. 원예가 2. 사육사 3. 점술가 4. 고고학자 5. 생물학자

다음에서 공통적인 나는 누구일까요?

따뜻하고 정열적인 사랑

나는 예전 기와집 안방에서 어머니의 따뜻한 사랑을 느꼈지만, 현대 남녀의 정열적인 사랑을 알기에는 제한을 받습니다.
나는 알파고의 운동장이며, 3중 전선의 형제를 나타내지만, 당구 6구 경기에서는 훼방꾼이 됩니다.
공통으로 들어가는 나는 누구일까요?

발레리나의 대답은 무엇일까요?

프로포즈의 결과

뇌섹인이 발레리나 여친과 만난 지 1000일이 되었다.
뇌섹인은 프로포즈를 하는데, 여친은 입체도형으로 답한
다. 무슨 의미일까? (큐빅은 투명하다.)

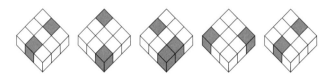

다음 악기들로 이루어진 퍼즐을 완성하세요.

악기들의 모임

송년 연주를 맞이하여 그룹별 악기들이 모였는데, 모임
이름은 무엇일까?

그룹	악기명
현악기	violin, cello, harp
금관악기	trumpet, horn, tuba
목관악기	flute, bassoon, clarinet

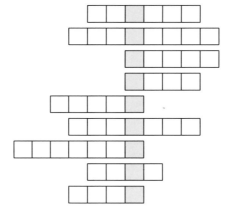

여성의 뜨개질은 누구를 위한 것일까요?

뜨개질 도면

중학교 말썽꾸러기가 어느 여성의 육각형 뜨개질 도면을
조각내 놨다. 여성은 누구를 위해 뜨개질을 하려고 했을
까?

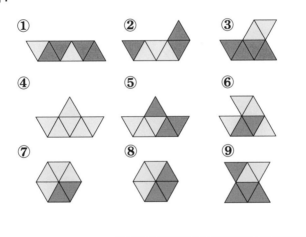

삼짓날 뇌벤져스 멤버들의 환영 음식은 무엇일까요?

삼짓날 환영 음식

음력 삼짓날 강남 갔던 제비는 돌아오지 않았지만, 배낭 여행을 떠났던 뇌섹인이 돌아왔다. 뇌벤져스 멤버들이 뇌섹인을 환영하는 석쇠 위의 음식은 무엇일까?

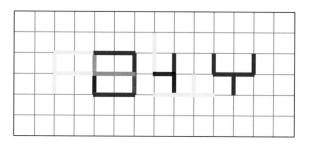

다음 대화 중 숨어 있는 나라 이름은 몇 개일까요?

숨은 나라 찾기

어느 여름날 토요일 본사 일을 마치고, 뇌섹인이 아파트 앞에서 오랜만에 집에 오시는 장모를 만났다. 장인도 만났다. 대화 중에 숨은 나라 이름은 몇 개일까?

장　모: 뇌서방? 자네 팔 걷어붙이고 어딜 그리 바쁘게 가나?

뇌서방: 장모님, 안녕하세요? 생각보다 조금 늦게 오셨네요.

장　인: 넥타이는 제대로 했구만.

뇌서방: 장인 어르신도 안녕하십니까?

　　　　다음 달 여동생 결혼식이 있어 양복 가봉하러 갑니다.

장　모: 사돈처녀가 수단이 좋아. 의사하고 혼인한다지?

뇌서방: 네… 춘향이란 친구 소개로 만났다고 합니다.

장　모: 유독 일만 하는 줄 알았는데, 잘 되었어.

뇌서방: 그럼, 다녀오겠습니다.

장　인: 빨리 다녀오게. 올 때 켄터키치킨 1마리도 사오게.

　　　　이 앞 독수리남자 호프집에서 말이야. 맥주 한잔 해야지.

뇌서방: 네, 알겠습니다. 더운데 어서 집에 들어가십시오.

장　모: 어머나, 화단에 장미 국화가 예쁘게 피었네.

장　인: 빨리 들어갑시다. 몇 동이었더라.

SECTION II
(뇌섹 퀴즈 051 ~ 100)

빈칸에 들어가는 철자는 무엇일까요?

순서에 따른 철자는 2

R→O→Y→G→B→N→(　　　)

빈칸에 들어가는 단어는 무엇일까요?

순서에 따른 단어는 2

Oyster → Two → (　　　) → Liquor → Rope

W형태 별인 카시오페이아를 한번에 그리세요.

카시오페이아를 한번에

뇌섹인은 초등학교 시절에 W형태로 생긴 별, 카시오페이아를 한번에 그리고 싶었다. 어떻게 해야 할까?

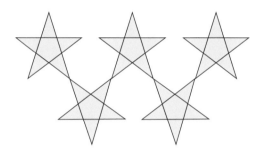

물음표의 구기 운동은 무엇일까요?

구기 운동회

뇌섹 운동회가 열렸는데, 물음표에 해당하는 구기 운동
은 무엇일까?

(?) - 풋살 - 세팍타크로 - 길거리농구 - 비치발리볼

동물들의 건강검진에서 돼지의 몸무게는 얼마일까요?

동물들의 몸무게

뇌섹 Animal Land 동물들이 건강검진을 하게 되었다. 돼지의 몸무게는 얼마일까?

동 물	곰	돼지	사자	소	여우
몸무게	26	?	50	41	45

물음표에 들어갈 숫자는 무엇일까요?

내 안에 너 있다

드라마 '파리의 연인'으로 유명한 박신양 씨가 대기실에서 뇌섹인을 만났다. 그는 쉬는 시간 동안 뇌섹인에게 내기 문제를 내었다. 문제를 풀면 커피 한잔을 산다고 했다. 물음표는 무엇일까?

$$1000 = 10$$
$$7 = 1$$
$$6 = 8$$
$$5 = \ ?$$

발레리나가 간 곳은 어디일까요?

그녀의 행방은

어느 날 뇌섹인은 발레리나 여친과 다투었다.
여친은 눈물에 젖은 손수건과 숫자 하나를 남겼는데, 어
디로 갔을까?

물음표에 들어갈 사람은 누구일까요?

곱셈을 구하라

뇌섹인은 신기한 곱셈을 하고 있다. 두 수를 곱하면 사람을 나타내는데, 물음표는 누구일까?

$3 \times 6 =$ 　　$6 \times 1 =$

$6 \times 6 =$ 　　$8 \times 6 =$ **?**

미지수를 찾으면 물음표는 무엇일까요?

미지수를 찾아라

뇌섹인이 미지수를 찾아야 물음표의 궁금증이 풀린다.
물음표는 무엇일까?

$$○ - 🧑 = x$$

$$x + 💧 = ?$$

평생을 함께하는 우리 삼형제는 누구일까요?

절친 삼형제

나는 삼형제 중 막내이며, 큰형과 작은형은 연년생입니다. 우리 삼형제는 자연에 처음 태어났을 때 나이가 비슷했지만, 해마다 나이를 다르게 먹습니다.

나는 해마다 나이를 두 살씩 먹으며, 큰형과 작은형은 해마다 나이를 나보다 더 먹어서 우리는 점점 나이 차이가 많이 나게 됩니다.

그러나 큰형과 작은형은 항상 연년생입니다.

우리 삼형제는 각각 복제친구가 있습니다. 나는 내 복제친구와 힘을 합하고, 작은형은 작은형 복제친구와 힘을 합하고, 그리고 나서 우리가 서로 도와야 큰형과 큰형 복제친구의 합한 힘과 같게 됩니다.

평생 함께하는 우리 삼형제는 누구일까요?

6개 행성의 평형을 이루세요.

행성들의 평형

서기 3456년 우주 팽창으로 대폭발이 일어난다.

그 후 6개의 행성은 각각 3개 원의 원주상 행성번호의 합

이 같도록 평형을 이루게 된다. 어떻게 해야 할까?

행성번호
수성 1
금성 2
지구 3
화성 4
목성 5
토성 6

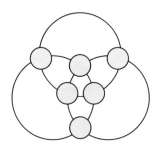

8개 행성의 평형을 이루세요.

행성들의 재평형

서기 4567년 우주 팽창으로 대폭발이 다시 일어난다.
그 후 8개의 행성은 각각 2개 원의 원주상과 각각 2개의
+ 자상 행성번호의 합으로 다시 평형을 이루게 된다. 어
떻게 해야 할까?

행성번호
수성 1
금성 2
지구 3
화성 4
목성 5
토성 6
천왕성 7
해왕성 8

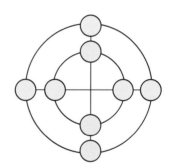

빈칸에 들어가는 음표는 무엇일까요?

음표를 찾아라

새로 오픈한 파이가게에서 도어벨을 작곡하였다. 4/4 박
자 한마디에 들어갈 빈칸의 음표는 무엇일까?

원소들의 합은 어느 쪽이 클까요?

원소 합의 크기

원소들이 힘을 합하여 크기 대결을 펼쳤다.
크기 비교에서 다섯 번째 힘의 크기는 어느 쪽일까?

$$C + Ta \quad > \quad U + Se + Mo$$
$$W + O + C \quad < \quad I + Rg + Te$$
$$O + N + Li \quad > \quad S + Ho + Re$$
$$He + Se + P \quad < \quad O + W + Fl$$
$$Ba + Br + Ti \quad ? \quad K + Na + Se$$

유전자 돌연변이된 물음표의 동물은 무엇일까요?

유전자 돌연변이

서기 2345년 동물 생태계에 유전자 돌연변이가 일어났다. 아래는 어미와 어미가 낳은 동물인데, 물음표는 무슨 동물일까?

세종대왕이 의미하는 계산 결과는 무엇일까요?

세종대왕의 계산

한글 창제를 마친 세종대왕이 수라상을 물리고 나서 뇌섹 상궁에게 계산 결과물을 가져오라 명하였다. 결과물은 무엇일까?

$$1 + 2 + 1 + 10 = ?$$
$$5 + 8 + 5 + 1 = ?$$
$$12 + 9 + 1 + 3 = ?$$

8개 행성의 큐브 평형을 이루세요.

행성들의 큐브 평형

서기 6789년 우주의 뇌섹적 팽창으로 빅뱅이 다시 일어난다. 그 후 8개의 행성은 6면의 각 면마다 4개의 꼭짓점의 행성번호 합이 같은 큐브 평형을 이루게 된다. 어떻게 해야 할까?

행성번호
수성 1
금성 2
지구 3
화성 4
목성 5
토성 6
천왕성 7
해왕성 8

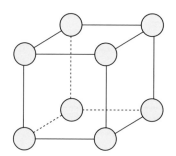

1~9 한자로 이루어진 물음표의 나이는 몇 세일까요?

가족의 나이는

뇌섹인이 가족 나이로 한자 마방진을 만들어 보았다.
아직 지천명이 되지 않은 물음표의 가족 나이는 몇 세일
까?

二四	三六	四一
三二	?	七二
四四	一二	二六

곰과 호랑이가 만난 할아버지는 누구일까요?

할아버지와의 만남

곰과 호랑이는 소원을 들어주는 할아버지로부터 미로 카드를 1장씩 받았다. 둘은 카드를 가지고 할아버지를 만나기 위해 동굴을 찾아갔다. 동굴 미로 속에서 할아버지를 만났는데, 할아버지는 누구일까?

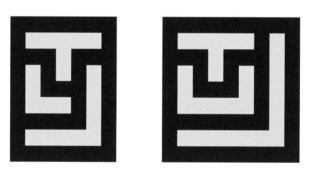

국어교사를 쓰러뜨린 뺑소니 차량 범인은 누구일까요?

국어교사의 다잉 메시지

좁은 골목길에 국어교사가 쓰러져 있고, 길 옆 마트에 진열된 상품들이 차량에 부딪혀 흩어져 있다. 그는 정신을 잃기 전 길에 쓰여진 숫자 4개를 친구인 경찰에게 스마트폰으로 전송했는데, 범인은 누구일까?

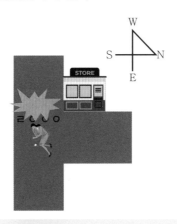

2000

1. 서쪽 다가구 원룸 2000호에 살며 최근 여친과 헤어진 청년

2. 전세 2000만 원을 못 받고 있었던, 코너에서 영업중인 마트 주인

3. 북쪽 아파트에 살며 이천에 자주 내려가는 동네 취업준비생

4. 동쪽 오피스텔에 살며 다툼이 있었던 2000년에 처음 만난 친구

꿀벌방 중에서 개미가 초대받은 방은 어디일까요?

개미야 놀러와

뇌섹 곤충마을에 여왕벌 명령을 받은 일벌이 친구 일개미에게 초대장을 보냈다. 내일 꿀벌나라 축제가 있으니 VIP 3시 방으로 오라고 전했다. 일개미는 망원경으로 VIP 방을 보았는데, 어느 방으로 가야 할까? (여왕벌방은 정중앙에 있고, VIP 방은 여왕벌방 바로 옆에 있다. 꿀벌방은 150개 이하로 소수(素數)가 아니며, 전체 꿀벌방도 육각형이다.)

3P 바코드가 의미하는 것은 무엇일까요?

3P 바코드의 의미

각각의 3P 바코드가 의미하는 동물이 있다. 물음표는 무슨 동물일까?

무지개 마을 입구의 주사위는 무엇을 의미할까요?

무지개 주사위

무지개 마을 입구에 주사위 일곱 개가 걸려 있다. 주사위
가 의미하는 것은 무엇일까?

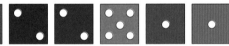

동물들의 이동 경로상 물음표의 시간은 얼마일까요?

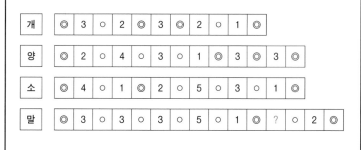

동물들의 귀경시간

한 글자 동물들이 한가위 고향 방문 후 뇌섹 버스를 타고 귀경하는데, 물음표의 이동 시간은 얼마일까? (숫자는 정거장 역간 이동 시간으로 단위는 분이다.)

개	◎	3	○	2	◎	3	◎	2	○	1	◎		
양	◎	2	○	4	○	3	○	1	◎	3	◎	3	◎
소	◎	4	○	1	◎	2	○	5	○	3	○	1	◎
말	◎	3	○	3	○	3	○	5	○	1	◎	?	○	2	◎

미술대회에 지각한 학생은 어느 나라일까?

미술대회 지각생은

아라비아 반도 남서부에 위치한 국가 예멘에서 유럽 5개국 초등학생을 초청하여 미술대회를 열었다. 오리엔테이션을 위해 C 강의장에 모여 육각형 책상 앞에 앉았는데, 아직 도착하지 않은 학생의 국적은 무엇일까?

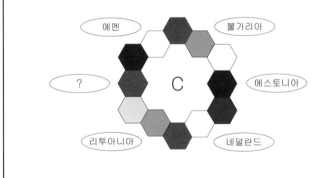

물음표에 들어가는 주사위는 무엇일까요?

주사위의 의미

주사위들이 4 × 4 형태로 모여 있다. 물음표에 올 주사위
는 무엇일까?

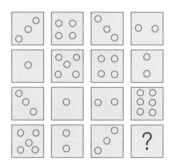

야구 전광판을 보면 4회는 몇 번 타자부터일까요?

선두타자는 누구

뇌섹인이 야구장에 조금 늦게 입장하였다. 뇌섹팀이 이기고 있었는데, 방금 시작된 4회초 선두타자는 몇 번 타자인지 궁금하다. 누구일까? (뇌섹팀은 2회초에만 3루에 잔루가 있었다.)

팀명	1	2	3	4	5	6	7	8	9	R	H	B	E
뇌섹	1	4	5							10	9	3	0
백곰	2	0	3							5	6	1	0

조선 왕릉을 좋아하는 역사가의 방문일은 언제일까요?

조선 왕릉 애호가

조선 왕릉을 좋아하는 뇌섹 역사가가 왕릉을 방문한 일
자이다. 물음표에 해당하는 날짜는 언제일까?

방문일	3일	7일	8일	9일	?
왕릉	헌릉	광릉	창릉	선릉	정릉

국제 워크숍 참가자들의 직업은 무엇일까요?

워크숍 참가자

강원도 정선에서 열린 국제 워크숍 참가자들은 무엇을 하는 사람일까?

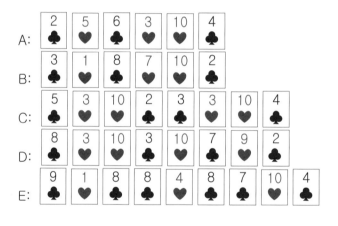

A: 2♣ 5♥ 6♣ 3♥ 10♥ 4♣

B: 3♣ 1♥ 8♣ 7♥ 10♥ 2♣

C: 5♣ 3♥ 10♠ 2♥ 3♥ 3♠ 10♥ 4♣

D: 8♣ 3♥ 10♥ 3♠ 10♥ 7♣ 9♥ 2♣

E: 9♣ 1♥ 8♣ 8♠ 4♥ 8♣ 7♣ 10♥ 4♣

산장에서 수학교사를 쓰러뜨린 범인은 누구일까요?

수학교사의 다잉 메시지

뇌섹 산장에서 수학교사가 숙박한 다음날, 통나무 더미에서 쓰러진 채 발견되었다. 그는 쓰러지기 전 통나무 1개를 넘어뜨렸는데, 범인은 누구일까?

1. 아랫마을 100동 111호에 사는 구두쇠 권스크루 할머니
2. 임차계약 포기로 기분이 언짢은 211필지 토지주 김채권 씨
3. 어제 저녁 다투었던 통나무 판매업자겸 산장주인 김나무 씨
4. 학교 내 승진 경쟁자인 차량번호 2210 소유자 이경쟁 교사

헝가리 선수가 투숙한 방은 어디일까요?

투숙한 방을 찾아라 2

세계 선수권 대회 참가를 위해 5개국 선수들이 뇌섹 선수촌에 투숙하게 되었다. 헝가리 선수들은 몇 호에 투숙하게 되었을까?

뇌섹선수촌					
	431	432	433	434	435
	331	332	333	334	335
	201	202	203	204	205
	101	102	103	104	105
	011	021	031	041	051

〈세계 각국별 투숙하는 방〉

가 봉 = 435호

네덜란드 = 105호

러 시 아 = 051호

불가리아 = 041호

헝 가 리 = ?

물음표에 해당하는 신은 누구이며, 고향은 어디일까요?

그리스 신들의 고향

그리스 유명한 8명의 신들이 남산 팔각정에 모여 그들이
태어난 고향인 행성에 대하여 이야기를 나누고 있었는
데, 물음표는 누구이며, 고향은 어디일까?

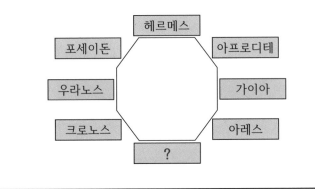

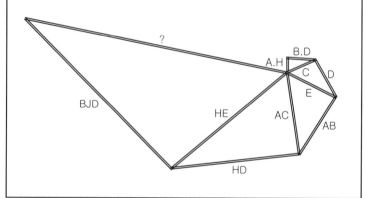

달팽이 마을 도로

새로 생긴 스라고타피 달팽이 마을에 도로가 완공되었다. 영어로 도로 이름을 지었는데, 물음표에 들어갈 도로 이름은 무엇일까?

편지 속 숫자들의 의미는 무엇일까요?

김 일병의 숫자 편지

육군 김 일병은 복무를 마치고 만난 팔방미인 여친에게 숫자 편지와 장미 10송이를 주었다. 숫자의 의미는 무엇일까?

0	1	1	2	1	1	0
1	2	2	3	2	2	1
2	2	4	2	4	2	2
2	2	4	3	4	2	2
1	2	2	3	2	2	1
0	1	2	2	2	1	0
0	0	1	1	1	0	0

선비 사(士)는 네 개 그룹 중에서 어느 그룹일까요?

선비는 어디로

한자들이 1년에 한 번 모여 간담회를 갖는다. '士'는 어느 그룹으로 갈까?

A그룹	B그룹
土, 木, 里	上, 互, 臣

⇦ 士 ⇨

C그룹	D그룹
三, 甲, 目	一, 口, 田

동물들이 축하하는 생일 주인공은 누구일까요?

생일 주인공은

뇌섹 Animal Land 동물들이 누군가의 생일을 축하하기 위하여 모였다. 도착한 9마리 동물들은 순서대로 번호표를 받고 자연스럽게 모였는데, 생일 주인공은 누구일까?

4	3	6	2	7

1	5	8	9

공주가 받은 약병 상자의 비밀번호는 무엇일까요?

요정의 비밀번호

공주가 아프신 왕의 병환을 낫게 하는 약을 구해 달라고
요정에게 기도를 하자, 한국어가 서투른 요정이 나타나
약병이 든 상자를 건네며 공주에게 말했다.
(약병 상자 비밀번호는 불이 들어오는 버튼형이다.)

요정: 약병의 주의사항을 왕에게 잘 읽히고,
　　　 약은 물과 함께 잘 삼키게 하고,
　　　 식사할 때 고기는 잘 익히고,
　　　 김치는 잘 삭혀서 밥과 함께 드시게 해야 한다.
공주: 상자를 여는 비밀번호를 알려 주셔야지요.
요정: 벌써 알려 주지 않았느냐.
공주: 네? 아아~ 알겠습니다.

약병 상자의 비밀번호는 무엇일까?

여친과의 저녁 데이트 장소는 어디일까요?

사랑의 나무 한 그루

뇌섹인은 여친과 저녁에 만나기로 약속하였다. 여친이
보낸 메시지에는 장소를 나타내는 나무 한 그루가 있었
는데, 그들은 어디서 만날까?

비행기는 어디로 가는 길이며, 무엇을 찾는 것일까요?

프로펠러의 의미

무언가를 찾으러 어디론가 향하던 프로펠러 비행기가 착륙하였다. 정지한 프로펠러를 보면 어디로 무엇을 찾아가는지 알 수 있을까?

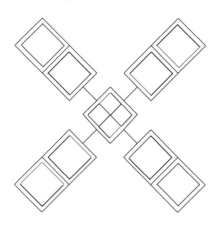

실험실에서 화학교사를 쓰러뜨린 범인은 누구일까요?

화학교사의 다잉 메시지

난독증에 걸린 화학교사가 실험실에서 쓰러진 채 발견되었다. 그는 쓰러지기 전 숫자 4개를 남겼는데, 면식범은 어디로 도망갔을까?

9 88 7 58

1. 연구논문을 들고 여객선으로 도주한 벵골만(북위 9~7, 동경 88~58)

2. 신약 개발문서 탈취 후 비행기로 입국한 프랑스 샹젤리제 거리

3. 실험실 임대료 미납 후 유럽 기차로 도망간 독일 뮌헨 988-758

4. 로또 당첨금을 빼앗은 후 화물선으로 밀항한 일본 교토 복권방

성냥개비를 좌우 각각 4개씩 이동하여 등식을 맞게 고 치세요.

어디로 가야 하나요

뇌섹인은 서울 씨티투어 도중에 공원 할아버지께 덕수궁 은 어디로 가야 하는지 여쭈어 보았다. 할아버지는 문제 를 풀어 보면 안다고 하셨다. 어디로 가야 할까?

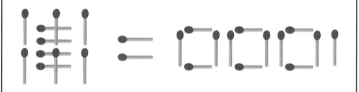

성냥개비를 5개 이동하여 등식을 맞게 고치세요.

얼마나 걸리나요

뇌섹인은 또 한번 할아버지에게 덕수궁까지의 거리를 여쭈어 보았는데, 할아버지는 문제를 다시 풀어 보면 안다고 하셨다. 얼마나 걸릴까?

발레리나가 싫어하는 것은 무엇일까요?

그녀가 싫어하는 것

뇌섹인은 여름을 무척 좋아한다. 하지만 뇌섹인의 발레리나 여친은 여름에 싫어하는 것이 있다. 그것은 무엇일까? (큐빅은 투명하다.)

7개 행성으로 이루어진 퍼즐을 완성하세요.

태양의 후예는

뇌섹인의 후손이 살아가는 서기 12345년, 은하계는 해왕성도 사라지고 7개 행성만 남았는데, 태양의 후예가 된 중심 행성은 무엇일까?

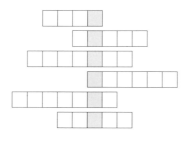

띠띠가 2개의 산을 등반한 일수는 며칠일까요?

산악인의 등반 일수

뇌섹 산악인 또또, 따따, 뚜뚜, 띠띠는 2개의 유명한 산을 정상까지 등반하였는데, 띠띠는 정상 등반에 며칠 걸렸을까?

산악인	2개의 산	등반 일수
또또	금강산, 치악산	11일
따따	태백산, 지리산	21일
뚜뚜	무등산, 팔봉산	18일
띠띠	한라산, 백두산	?

그래프의 유치원생 부모는 누구일까요?

유치원생 부모

뇌섹 유치원생들에 대한 그래프이다. 노란색의 부모는
누구일까?

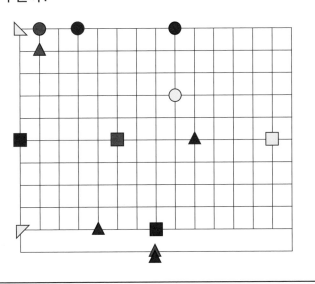

부서진 스마트폰 주인은 누구일까요?

스마트폰 주인

악당이 스마트폰 액정을 부서뜨렸는데, 스마트폰 주인은
누구일까?

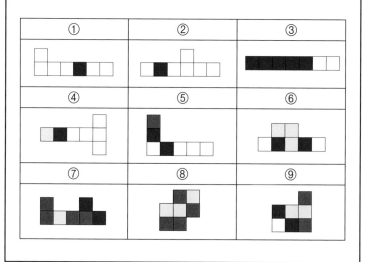

정육각형 벌집을 부서뜨린 범인은 누구일까요?

부서진 벌집

정육각형 벌집이 누군가에 의해 12개 조각으로 부서졌는데, 범인은 누구일까? (벌집 정중앙은 출구로서 빈 공간이며, 12개 조각에 포함되지 않는다.)

①	②	③	④
⑤	⑥	⑦	⑧
⑨	⑩	⑪	⑫

카지노 아르바이트의 시급은 얼마일까요?

아르바이트 시급

뇌섹인이 카지노에서 아르바이트를 하는데, 시간당 급여
는 얼마일까?

AM 08:80

서당에서 한자교사를 쓰러뜨린 범인을 찾아라.

한자교사의 다잉 메시지

뇌섹 서당에서 4자 성어를 가르치던 한자교사가 쓰러진 채 발견되었다. 그는 쓰러지기 전 성냥개비 10개를 남겼는데, 범인은 누구일까?

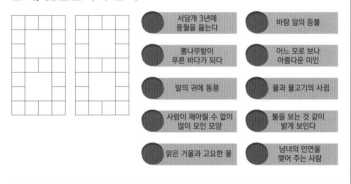

- 서당개 3년에 풍월을 읊는다
- 바람 앞의 등불
- 뽕나무밭이 푸른 바다가 되다
- 어느 모로 보나 아름다운 미인
- 말의 귀에 동풍
- 물과 물고기의 사귐
- 사람이 헤아릴 수 없이 많이 모인 모양
- 불을 보는 것 같이 밝게 보인다
- 맑은 거울과 고요한 물
- 남녀의 인연을 맺어 주는 사람

月, 火, 水, 氷, 山, 海, 田, 風, 人, 耳, 拘, 馬, 魚, 堂, 燈,
鏡, 桑, 美, 碧, 明, 若, 觀, 交, 八, 東, 前, 下, 方, 之

1. 순한글 신세대로 한자 사용을 싫어하는 22세 이한글 씨
2. 월세 체납으로 최근 다툰 서당 건물주 78세 나주인 씨
3. 서당 옆 한자학원 경쟁자인 천자문 강사 32세 김천자 씨
4. 학생들 한자 외우는 소리를 거슬려 하는 52세 최고요 씨

SECTION Ⅲ
(뇌섹 퀴즈 101 ~ 150)

빈칸에 들어가는 단어는 무엇일까요?

곰 출현 장소

멜로디가 바로 울리면 곰이 나타나는 장소는 어디일까?

Melody → Soon → Bear → Place → (   )

물음표에 들어가는 도형은 무엇일까요?

도형을 찾아라

 . .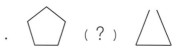

오륜기를 한번에 그리세요.

오륜기를 한번에

뇌섹인은 올림픽 경기를 보고 나서 오륜기를 한번에 그
리고 싶어졌다. 어떻게 해야 할까?

빈칸에 들어가는 동물은 무엇일까요?

순서에 따른 동물은

동물들이 연결되어 있다. 물음표에 들어가는 동물은 무엇일까?

뇌섹 퀴즈
105

소녀의 머리띠에 있는 빈칸은 무슨 색깔일까요?

자기 자신만 알았던 소녀가 머리띠를 분실하였다. 머리
띠를 찾고 보니 가운데 색깔이 바래져 있었는데, 무슨 색
깔이었을까?

물음표에 들어가는 알파벳과 숫자는 무엇일까요?

우주여행 나침반

뇌섹인이 우주여행을 위해 뇌섹 마트에서 나침반을 하나 구입하였다. 물음표에 붙어 있는 라벨을 떼어 내면 무엇이 표기되어 있을까?

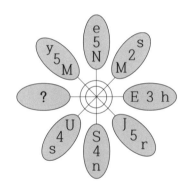

물음표에 들어가는 선분은 무엇일까요?

인도 Ssehc 마을에서 발견된 8개의 선분이다. 물음표는
무엇일까?

| + | ✳ | ✕ | ✳ | ? | ✕ | ✳ | + |

물음표의 은행알 배치는 어떻게 될까요?

어머니의 은행알

뇌섹인 어머니께서 은행알을 씻은 후, 예전에 회사 근무하던 일이 생각나셨는지 뇌섹인에게 문제를 내셨다. 젓가락과 은행알로 배치된 문제인데, 물음표는 어떻게 되어 있을까?

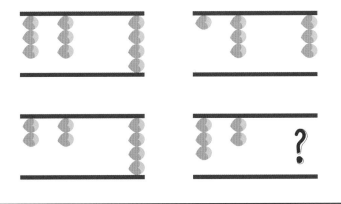

미지수를 더하면 물음표는 무엇일까요?

미지수를 더하라

A, B, C, D 미지수 4개를 모두 더하면 무엇이 될까?

Go - Live = A

Cow - Day = B

Husband - Sky = C

Dog - Big = D

A + B + C + D = ?

다음에서 나는 누구일까요?

있는 듯 없는 듯 썸타다

나는 마네킹에게는 있는 것 같지만 없고,

돈키호테 기사에게는 없는 것 같지만 있습니다.

나는 다리 없는 뱀에게는 있지만,

다리 있는 개에게는 없습니다.

나는 격식이 없는 아이에게는 보여도,

어른이 된 성인에게는 보이지 않습니다.

나는 일상생활에 자주 나타나며,

머리띠를 붙이면 해외에서도 유명합니다.

나는 누구일까요?

삼각형 모양이 된 포켓볼 숫자 합을 같게 하세요.

포켓볼 초반에서

뇌섹인이 여친과 함께 포켓볼 경기를 하고 있다.
1번부터 9번까지 포켓볼 공 9개가 남게 되었는데 삼각
형 모양이 되어 버렸다.
그런데 이게 웬일인가! 삼각형 변의 숫자의 합이 같아서
신기했다. 포켓볼 숫자 합은 얼마일까?

삼각형 모양이 된 포켓볼 숫자 합을 같게 하세요.

포켓볼 중반에서

뇌섹인과 여친이 7번부터 9번까지 포켓볼 공 3개를 집어넣고, 1번부터 6번까지 포켓볼 공 6개가 남게 되었는데 다시 삼각형 모양이 되어 버렸다.

그런데 이게 또 웬일인가! 삼각형 변의 숫자의 합이 다시 같아졌다. 포켓볼 숫자 합은 얼마일까?

쌍둥이 마을의 덧셈을 계산하면 얼마일까요?

쌍둥이 마을 덧셈

뇌섹인은 이번에는 꿈속에서 쌍둥이 마을에 도착하였는데, 아이들이 또 덧셈 놀이를 하고 있다. 뇌섹인이 보기에는 역시 계산식이 이상한데, 아이들은 맞는 계산이라고 한다. 물음표는 얼마일까?

$$2 + 3 + 6 = 7$$
$$1 + 4 + 8 = 9$$
$$4 + 7 - 1 = 8$$
$$1 + 1 + 3 + 5 = 6$$
$$6 + 9 - 1 - 4 = \ ?$$

※ tvN '문제적 남자'에 제보 후 160회(2018.6.19) 방영

매트릭스 코드가 의미하는 것은 무엇일까요?

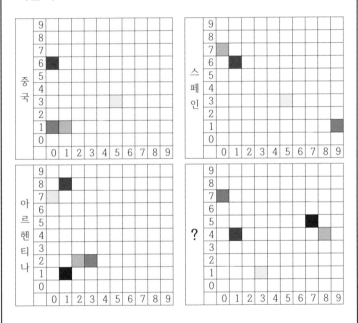

매트릭스 코드의 의미

뇌섹 약품에 붙어 있는 매트릭스 코드는 어느 나라를 의
미할까?

125

세종대왕이 낸 문제의 계산 결과는 얼마일까요?

세종대왕의 계산 2

뇌섹 상궁이 가져온 결과물에 만족한 세종대왕은 비단을
하사하였다. 다음 날 상궁에게 다시 산수 문제를 냈는데,
이번에도 맞추었을까?

$$11 - 1 + 3 = 12$$
$$10 - 7 + 8 = 14$$
$$1 - 10 + 3 = 4$$
$$6 - 9 + 5 = 6$$
$$13 - 6 + 7 = ?$$

신과 함께하도록 퍼즐을 완성하세요.

신과 함께

신과 함께하는 퍼즐을 완성하려면 철자를 어떻게 사용
해야 할까?

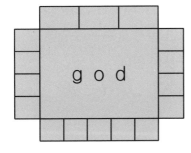

e, e, e, e
o, o, o, u
c, h, n, n
r, s, s, s

※ tvN '문제적 남자'에 제보 후 169회(2018.8.21) 방영

물음표에는 무슨 뜻이 채워져야 할까요?

원시인이 되다

뇌섹인이 식당에서 점심을 먹던 중 스케줄 확인을 위해 수첩을 꺼낸다. 주간 스케줄을 확인하다가 잠시 수첩에 보이는 글자의 뜻을 헤아려 본다. 시력이 원시가 되었나 보다. 수첩을 든 손을 뻗으면 글자가 쉬운 뜻인데, 손을 당기면 아래와 같이 어려운 뜻이 된다.
물음표의 뜻은 무엇일까?

| 밝다 | 벗 | 불꽃 | 두갈래강 | ? |

육각형 별모양이 된 포켓볼 숫자의 합을 같게 하세요.

다시 찾은 당구장에서

12월 크리스마스에 뇌섹인이 여친과 함께 당구장에 다시 찾아왔다. 초구를 치자마자 1번부터 12번까지 포켓볼 공 12개가 육각형 별모양이 되었는데, 각각 일렬로 된 4개의 포켓볼 숫자의 합이 같아졌다. 포켓볼 숫자 합은 얼마일까?

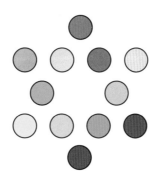

파트너 간 호감도 지수는 얼마일까요?

파트너 호감도

파트너 간 호감도 지수를 나타내고 있다. 물음표의 지수는 얼마일까?

※ tvN '문제적 남자'에 제보 후 171회(2018.9.4) 방영

다음에서 나는 누구일까요?

평평하지 않은 모습

나는 평평하지도 이상하지도 않은 모습입니다.

나를 보고 불났다고 하는 사람도 있으며,

사랑한다는 사람도 있습니다.

나는 죄 지은 값을 180도 바꾸어 지우기도 하며,

모든 것을 없애는 능력도 있습니다.

나는 부부사이에도 존재하며,

몸무게는 통나무 1개 정도 됩니다.

나는 누구일까요?

심령술사가 맞춘 과일은 무엇일까요?

과일을 맞춰라

심령술사는 마법 카드 4장으로 청룡, 백호, 주작씨가 선택한 과일을 맞췄다. 마지막으로 현무씨가 생각한 과일을 맞추었는데 무엇일까? (각 카드에는 14 종류의 과일 중 7 종류의 과일이 적혀 있음)

귤, 노니, 딸기, 람부탄, 메론, 배, 사과, 아보카도
자두, 참외, 키위, 토마토, 포도, 홍시

A	귤	딸기	메론	B	노니	딸기	배
사과	자두	키위	포도	사과	참외	키위	홍시

C	람부탄	메론	배	D	아보카도	자두	참외
사과	토마토	포도	홍시	키위	토마토	포도	홍시

뇌섹인들	청룡씨	백호씨	주작씨	현무씨
생각한 과일이 있는 카드	C	A, D	A, B, C	A, B, D
심령술사가 맞춘 과일	람부탄	자두	사과	?

전갈 꼬리의 전체 면적은 얼마일까요?

전갈의 삼각 꼬리

뇌섹인이 사막 여행 중 정삼각형 모양의 전갈 꼬리 부분을 수거했다. 귀국 후 단층 촬영하였는데, 삼각 꼬리 전체 면적은 얼마일까? (꼬리 부분은 서로 수직이고, 꼬리 부분의 길이는 CD=CA, DE=DB, EF=EC, FG=FD, GH=GE이며, 작은 정삼각형 2개 면적은 3, 4이다.)

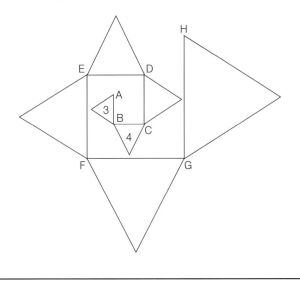

물음표에 해당하는 과일은 무엇일까요?

과일 다이어트

뇌섹인 여친이 3주일 동안 과일별 5일씩 5개 과일로 다이어트를 하고 있다. 다이어트 일정표상 물음표에 해당하는 과일은 무엇일까?

-	1	2	3	4	5	6
-	망고 복숭아 ?	-	복숭아	-	레몬 메론 복숭아 ?	-

7	8	9	10	11	12	13
망고 ?	복숭아	-	-	-	레몬 메론	레몬 메론 망고

14	15	16	17	18	19	20
레몬 메론 망고	레몬 메론 망고	복숭아 ?	-	?	-	-

※ tvN '문제적 남자'에 제보 후 174회(2018.9.25) 방영

홍길동이 남기고 간 비밀번호는 무엇일까요?

동서남북 홍길동

동에 번쩍, 서에 번쩍…
홍길동이 탐관오리로부터 재물을 빼앗은 후, 재물을 찾길 원한다면 활빈당으로 오라는 말과 함께 비밀번호가 담긴 판 5개를 남기고 떠났다. 비밀번호는 무엇일까?
(각 판은 위에서 본 모양으로 가로, 세로, 높이 1cm인 투명 큐빅 25개로 구성되어 있다.)

물음표에 들어가는 색깔은 무엇일까요?

지중해 바람개비

지중해 8개국이 연합하여 지성집단으로 나부끼는 바람개비를 만들었다. 물음표는 무슨 색깔일까?

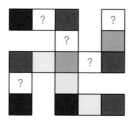

파형이 의미하는 것은 무엇일까요?

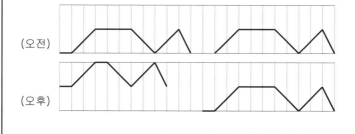

심장박동 파형

뇌섹 랜드에서 뇌섹인에 의해 구조된 생물의 심장박동
파형이 아래와 같았다. 생물은 무엇일까?

(오전)

(오후)

※ tvN '문제적 남자'에 제보 후 174회(2018.9.25) 방영

배구선수들은 어디에서 자야 할까요?

배구선수들의 방

올림픽 경기를 앞두고 구기운동 선수들이 뇌섹 호텔에 숙박하게 되었다. 뇌섹 호텔에서는 선수들에게 둥그렇게 손을 잡도록 유도하고, 화이팅하는 이벤트를 벌인다. 그러고는 다인실 호텔 방을 배정하는데, 배구선수들의 방은 몇 호일까?

핸드볼 선수 = 129호

야구 선수 = 140호

축구 선수 = 147호

농구 선수 = 108호

배구 선수 = ?

동물원에 남긴 스파이의 메시지는 무슨 뜻일까요?

스파이의 메시지

동물원에 잠입한 뇌섹 스파이가 메시지를 남기고 사라졌는데, 물음표는 무슨 의미일까?

메시지	의미
아이가 쥐에 물려 피를 흘리다	돼지
해충인 이 2마리가 비에 젖다	벌
티셔츠 입은 아이가 쥐에게 알 2개를 주다	?

테트리스 벽지를 완성하세요.

테트리스 벽지

테트리스를 순서대로 붙여서 벽지를 채우려면 어떻게 해
야 할까? (테트리스는 방향은 전환되나, 아랫줄부터 채워
야 한다.)

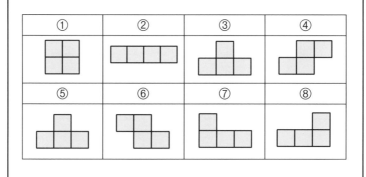

※ tvN '문제적 남자'에 제보 후 181회(2018.11.13) 방영

천사인 동시에 악동인 나는 누구일까요?

천사이기도 악동이기도

나는 아이에게 무지개가 되어 주고,
푸른 숲에 많은 물을 내려 주고,
꽃길에 이슬을 내려 주는 천사입니다.
하지만 나는 밭에서는 사람들을 놀라게 하고,
돼지머리를 하얗게 만듭니다.
또한, 나를 보이지 않게 포장할수록 머리는 얻어맞게 되고,
나를 보려고 힘쓸수록 볼 수 없게 하는 악동이기도 합니다.
나는 누구일까요?

성냥개비를 6개 이동하여 등식을 맞게 고치세요.

아마존 추장의 제안

뇌섹인이 아마존 탐험을 하던 중 동굴에 갇히게 되었다.
1주일 후 아마존 뇌섹 추장을 만나게 되었는데, 추장은
자신이 낸 성냥개비 문제를 푼다면, 동굴에서 구해 주겠
다고 제안을 한다. 어떻게 해야 할까?

성냥개비를 3개 이동하여 등식을 맞게 고치세요.

배트맨 은신처

어느 날 배트맨이 뇌섹인을 찾아와 하루 숙박을 요청했다. 각자 싱글 침대에 누운 그들은 잠이 오지 않자 배트맨이 천정에 레이저를 쏘면서 성냥개비 문제를 냈다.
배트맨의 은신처를 맞추면 여친을 위해 78,835개 보석을 주겠다고 한다. 어떻게 해야 할까?

동물 체육대회 릴레이에서 마지막 주자는 누구일까요?

동물들의 릴레이

뇌섹 Animal Land 동물들이 체육대회에서 릴레이를 하게 되었다. 마지막 주자는 누구일까?

개	독수리	코끼리	하마	기린

표범	타조	올빼미	토끼	호랑이

※ tvN '문제적 남자'에 제보 후 186회(2018.12.18) 방영

울타리를 탈출한 곤충은 무엇일까요?

탈출한 곤충

한국과 멕시코의 축구 경기 도중에 응원가를 부르던 곤충 2마리가 열광하여 자모음 벽돌과 울타리를 부수고 탈출하였는데, 곤충은 무엇일까?

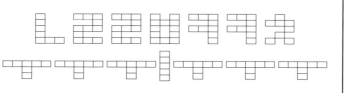

퍼즐을 완성하면 마지막 무지개색은 무엇일까요?

무지개색의 서열

미세먼지가 극심해진 서기 1234567년, 지구의 일곱 무지개색은 그대로인데, 색의 순서가 바뀌었다. 서열의 막내는 무슨 색일까?

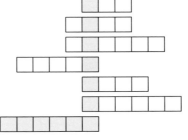

전원주택을 건축하던 건축가의 요청은 무엇일까요?

건축가의 요청

2층 전원주택을 건축하던 건축가 에드라드(EDLARD)가 1층 건축이 완료될 무렵 사무실에 필요품을 요청하는 메시지를 보냈는데, 무엇일까?

E D L A R D

‾

___   ___

___

___

‾

___   ___

| ? |

※ tvN '문제적 남자'에 제보 후 190회(2019.1.14) 방영

디지털 출근 카드는 누구의 것일까요?

뇌섹인의 출근

뇌섹인들은 디지털 전자카드 * 에 지문인식을 통해 출근
하고 있다. D 전자카드는 누구의 것일까?

A		
14	1	*
7	3	1
9	10	2

B		
1	10	5
9	10	*
7	3	1

C		
9	3	2
14	4	2
5	7	*

D		
12	1	*
8	10	4
4	3	*

커플 행성의 큐빅 의자 번호는 무엇일까요?

커플의 큐빅 의자

뇌섹인이 커플 행성 만찬에 초대를 받았다. 주위를 살펴 보니 알파벳 커플이 앉을 큐빅 의자에 번호가 붙어 있는 데, 물음표는 몇 번일까? (알파벳은 의자에 앉을 커플 명 단이다.)

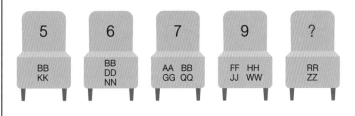

줄무늬 지렁이들의 달리기 장소는 어디일까요?

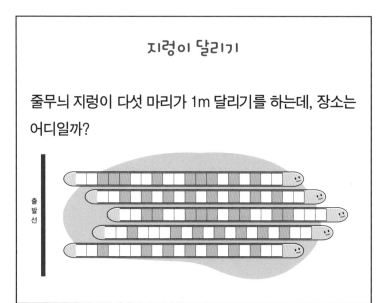

지렁이 달리기

줄무늬 지렁이 다섯 마리가 1m 달리기를 하는데, 장소는 어디일까?

출발선

※ tvN '문제적 남자'에 제보 후 198회(2019.3.11) 방영

다음에서 나는 누구일까요?

고전적이고 열정적이고

나는 옛날 고전적인 분위기에서 찾아볼 수 있고, 현대 열정적인 분위기에서도 찾아볼 수 있습니다.

나는 미국 매사추세츠에는 있으나, 캘리포니아에는 없습니다.

나는 별자리 카시오페이아에도 달나라 계수나무에도 존재합니다.

나는 학생들에게 과제를 주기도 하고, 어르신들의 몸을 풀어 드리기도 합니다.

만약에 외계인을 만날 수 있다면 부자가 되기도 합니다.

나는 누구일까요?

뇌섹 퀴즈 141

성냥개비를 이동하여 등식을 맞게 고치세요.

어디에서 오셨나요

뇌섹인은 미국 여행 도중 동양인을 만나 어디에서 왔는지 물어 보는데, 그 동양인은 국적을 성냥개비 문제로 낸다. 그의 국적은 어디일까?
(좌변과 우변은 서로 이동할 수 없다.)

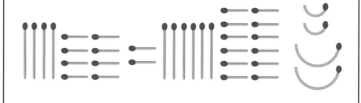

산타의 나이는 어떻게 될까요?

산타의 나이

50년간 아이들에게 크리스마스 선물을 준 산타의 나이는 몇 살일까? (각 판은 가로, 세로, 높이 1cm인 투명 큐빅 25개로 구성되어 있다.)

어린이날에 갑각모자가 간 곳은 어디일까요?

갑각모자 핫 플레이스

평소 웃기 시작하면 서로 업어 주기를 좋아하는 대게 엄마와 가재 아들이 있었다. 이들 갑각모자가 어린이날에 방문한 곳은 어디일까?

ㄱ	ㅜ	ㄴ	ㅛ	ㄷ	ㅗ	ㄱ	ㄷ	ㅣ	ㅅ	ㅑ	ㅓ	ㅏ	ㅋ
ㅠ	ㅇ	ㅗ	ㅋ	ㅗ	ㅅ	ㅌ	ㅗ	ㅂ	ㅍ	ㅎ	ㅜ	ㅏ	ㅠ
ㅠ	ㅌ	ㄹ	ㅡ	ㅍ	ㅎ	ㅣ	ㅑ	ㅕ	ㄱ	ㅕ	ㅌ	ㅋ	ㅗ
ㄷ	ㅊ	ㅇ	ㅕ	ㄱ	ㅓ	ㄴ	ㅑ	ㄷ	ㅏ	ㅍ	ㅕ	ㄹ	ㅗ
ㅡ	ㅈ	ㅣ	ㄱ	ㅗ	ㅇ	ㅇ	ㅡ	ㅌ	ㅇ	ㄹ	ㅜ	ㅁ	ㅇ
ㅣ	ㅋ	ㅎ	ㅗ	ㅜ	ㅠ	ㅜ	ㅣ	ㄴ	ㅜ	ㅁ	ㅗ	ㄴ	ㄱ
ㅜ	ㅊ	ㅑ	ㅋ	ㅈ	ㅇ	ㅓ	ㅂ	ㅁ	ㅓ	ㄷ	ㅛ	ㄷ	ㅍ
ㅂ	ㅈ	ㅓ	ㅛ	ㅇ	ㅈ	ㄴ	ㅋ	ㅌ	ㄴ	ㅂ	ㅏ	ㄷ	ㅡ
ㅏ	ㅊ	ㅍ	ㅜ	ㅛ	ㅣ	ㄴ	ㅎ	ㅕ	ㅍ	ㅓ	ㅑ	ㄹ	ㄴ
ㄱ	ㅈ	ㅏ	ㅊ	ㅅ	ㅂ	ㅈ	ㅁ	ㅇ	ㄹ	ㅅ	ㅣ	ㅁ	ㅠ
ㅁ	ㅜ	ㄹ	ㄱ	ㅗ	ㅏ	ㄴ	ㅡ	.	ㅣ	ㅜ	ㅅ	ㅡ	ㄷ
ㅇ	ㅇ	ㅌ	ㅈ	ㅗ	ㅊ	ㅈ	ㅛ	ㅜ	ㅇ	ㅍ	ㅏ	ㅋ	ㅣ
ㅗ	ㅎ	ㅋ	ㅕ	ㅇ	ㅅ	ㅕ	ㅂ	ㅗ	ㅛ	ㅓ	ㄹ	ㄱ	ㅜ
ㅊ	ㅅ	ㅂ	ㅁ	ㄹ	ㄷ	ㅕ	ㅇ	ㅜ	ㅓ	ㅌ	ㅍ	ㅏ	ㅎ

뇌섹 퀴즈
144

명절을 맞이한 스파이의 고향은 어디일까요?

스파이의 고향

명절을 맞이한 3차원 스파이가 고향을 나타내는 메모지
8조각을 남기고 고향으로 내려갔다. 고향은 어디일까?

사냥꾼이 침묵하며 포획한 동물은 무엇일까요?

사냥꾼의 침묵

사냥꾼이 정글에서 동물 한 마리를 발견하였다.

그는 최대한 소리를 내지 않고 다가가려는 생각에

침을 삼키는 혀의 움직임도 없이

총의 방아쇠를 당기기 위한 엄지손가락도 살며시

총의 흔들림을 줄이기 위한 무릎의 움직임도 조용히

점점 다가가면서 온몸의 근육이 움직이는 미동도 줄였다.

그가 침묵하며 포획한 동물은 무엇일까?

슈퍼 영웅들로 이루어진 퍼즐을 완성하세요.

슈퍼 영웅 친목회

지구의 슈퍼 영웅들이 친목회에 모였는데, 친목회 이름은 무엇일까?

슈퍼 영웅   thor, ironman, spiderman, blackpanther, hawkeye,
이름   captainmarvel, falcon, doctorstrange

다음 행성에서의 덧셈을 계산하면 얼마일까요?

마트료시카 행성

뇌섹인이 우주여행 도중 마트료시카 행성에 도착하였는데, 아이들이 덧셈 놀이를 하고 있다. 뇌섹인이 보기에는 계산식이 이상한데, 아이들은 맞는 계산이라고 한다. 물음표는 얼마일까?

$$2.2 + 2.1 = 3$$
$$5.3 - 3.2 = 4$$
$$7.5 - 1.6 = 5$$
$$5.6 + 2.6 = \,?$$

뇌섹 퀴즈
148

3D 테트리스를 잃어버린 자는 누구일까요?

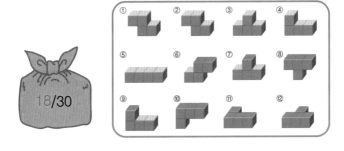

3D 테트리스의 의미

혜성이 떨어진 자리를 탐색하던 뇌섹인이 보따리를 하나
발견하였다. 보따리를 열어 보니 3D 테트리스 12조각이
있었는데 누가 잃어버렸을까?
(보따리에는 알 수 없는 분수 18/30이 적혀 있다.)

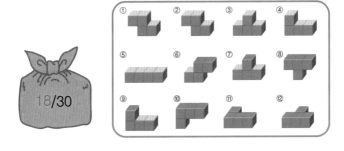

메시지를 보낸 열렬 축구팬은 누구일까요?

축구팬의 메시지

프리미어리거 손흥민 선수를 좋아하는 24살 뇌섹 축구
팬은 누구일까?

DEAR MY HERO
I WAS BORN IN KOREA.
I LIKE FOOTBALL.
I WANT TO MEET YOU.
FROM 24 YEARS OLD

아고라 게시판에 숨은 동물 이름 개수는 몇 개일까요?

숨은 동물 찾기

뇌섹 대학 총장께서 아고라 게시판에 전공별 인기 강연을 게시하였다. 아고라 게시판에 숨은 동물 이름은 몇 개일까?

전공	인기 강연 주제
인문학	Wisdom of modern man learnt from a poet's forbearance
심리학	What is behind the Psychology of rational but dogmatic humans?
의 학	Medical instruments gotten from the Hippocrates crown
화 학	What is the latest application of the oxygen molecule?
통신학	Fourth generation communication system for Asia's 3 billion
건축학	Modern working mom-favored bathroom interior
식품학	Fruit peel that goes well with cocktail and beer
영화학	The secret of the lost assassin's bullet
미술학	Comprehension of natural pigment artists speak of
체육학	Story of a cowardy bowler's training pants

· 부록 ·

숫자 대음

구분	1	2	3	4	5	6	7	8	9	10	11	12	13	14
자음	ㄱ	ㄴ	ㄷ	ㄹ	ㅁ	ㅂ	ㅅ	ㅇ	ㅈ	ㅊ	ㅋ	ㅌ	ㅍ	ㅎ
모음	ㅏ	ㅑ	ㅓ	ㅕ	ㅗ	ㅛ	ㅜ	ㅠ	ㅡ	ㅣ				
알파벳	A	B	C	D	E	F	G	H	I	J	K	L	M	N
	a	b	c	d	e	f	g	h	i	j	k	l	m	n
천간	갑	을	병	정	무	기	경	신	임	계				
지지	자	축	인	묘	진	사	오	미	신	유	술	해		
왕이름	태	정	태	세	문	단	세	예	성	연	중	인	명	선
월	J	F	M	A	M	J	J	A	S	O	N	D		
요일	월	화	수	목	금	토	일							
	M	T	W	T	F	S	S							
행성	수	금	지	화	목	토	천	해						
	M	V	E	M	J	S	U	N						
음계	도	레	미	파	솔	라	시							
무지개	빨	주	노	초	파	남	보							
	R	O	Y	G	B	N	V							

※ 숫자 15 이하 생략

제곱단

제곱단		세제곱단
1 × 1 = 1	11 × 11 = 121	1 × 1 × 1 = 1
2 × 2 = 4	12 × 12 = 144	2 × 2 × 2 = 8
3 × 3 = 9	13 × 13 = 169	3 × 3 × 3 = 27
4 × 4 = 16	14 × 14 = 196	4 × 4 × 4 = 64
5 × 5 = 25	15 × 15 = 225	5 × 5 × 5 = 125
6 × 6 = 36	16 × 16 = 256	6 × 6 × 6 = 216
7 × 7 = 49	17 × 17 = 289	7 × 7 × 7 = 343
8 × 8 = 64	18 × 18 = 324	8 × 8 × 8 = 512
9 × 9 = 81	19 × 19 = 361	9 × 9 × 9 = 729
10 × 10 = 100	20 × 20 = 400	10 × 10 × 10 = 1000

원소기호

원자번호	1	2	3	4	5	6	7	8	9	10
원소기호	H	He	Li	Be	B	C	N	O	F	Ne
	수소	헬륨	리튬	베릴륨	붕소	탄소	질소	산소	불소	네온
원자번호	11	12	13	14	15	16	17	18	19	20
원소기호	Na	Mg	Al	Si	P	S	Cl	Ar	K	Ca
	나트륨	마그네슘	알루미늄	규소	인	황	염소	아르곤	칼륨	칼슘
원자번호	21	22	23	24	25	26	27	28	29	30
원소기호	Sc	Ti	V	Cr	Mn	Fe	Co	Ni	Cu	Zn
	스칸듐	티타늄	바나듐	크롬	망간	철	코발트	니켈	구리	아연
원자번호	31	32	33	34	35	36	37	38	39	40
원소기호	Ga	Ge	As	Se	Br	Kr	Rb	Sr	Y	Zr
	갈륨	게르마늄	비소	셀레늄	브롬	크립톤	루비듐	스트론튬	이트륨	지르코늄
원자번호	41	42	43	44	45	46	47	48	49	50
원소기호	Nb	Mo	Tc	Ru	Rh	Pd	Ag	Cd	In	Sn
	나이오븀	몰리브덴	테크네튬	루테늄	로듐	팔라듐	은	카드뮴	인듐	주석

※ 원자번호 50 이하 생략

3색 국기

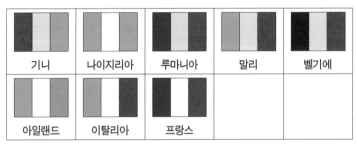

기니　나이지리아　루마니아　말리　벨기에

아일랜드　이탈리아　프랑스

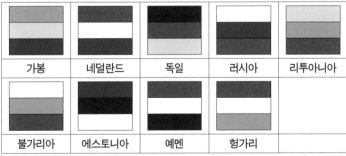

가봉　네덜란드　독일　러시아　리투아니아

불가리아　에스토니아　예멘　헝가리

조선 왕릉

왕	태조	정종	태종	세종	문종	단종	세조
왕릉	건원릉	후릉	헌릉	영릉	현릉	장릉	광릉
왕	예종	성종	연산군	중종	인종	명종	선조
왕릉	창릉	선릉	연산군묘	정릉	효릉	강릉	목릉
왕	광해군	인조	효종	현종	숙종	경종	영조
왕릉	광해군묘	장릉	영릉	숭릉	명릉	의릉	원릉
왕	정조	순조	헌종	철종	고종	순종	-
왕릉	건릉	인릉	경릉	예릉	홍릉	유릉	-

그리스 신

그리스 신	그리스어	영어	행성
헤르메스	Hermes	Mercury	수성
아프로디테	Aphrodite	Venus	금성
가이아	Gaia	Earth	지구
아레스	Ares	Mars	화성
제우스	Zeus	Jupiter	목성
크로노스	Kronos	Saturn	토성
우라노스	Uranos	Uranus	천왕성
포세이돈	Poseidon	Neptune	해왕성

· 정답 ·

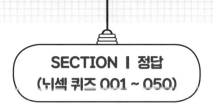
퀴즈 001 정답: E

순서에 따른 철자는 일련의 영어 숫자 단어의 첫째 철자입니다.
ONE, TWO, THREE, FOUR, FIVE, SIX, SEVEN, EIGHT 순서로서, 괄호 안의 정답은 E입니다.

퀴즈 002 정답: Ginseng or Hemp

영어단어를 순서대로 해석하면 '감, 담, 맘, ( ), 잠'이고, 해석된 한글 초성을 순서대로 살펴보면, 'ㄱ, ㄷ, ㅁ, (ㅅ), ㅈ'으로 자음 2개 차이 순열입니다.
자음 순열에 따라 괄호 안은 초성 ㅅ의 한글 단어 '삼'이 되며, 영어단어로는 Ginseng or Hemp입니다.

퀴즈 003 정답: 아래와 같음

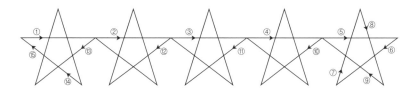

퀴즈 004 정답: 닭 그림(🐔)

왼쪽 그림에 해당하는 한자에 1(一, 한 일)을 더하면 오른쪽 한자가 됩니다.

木 + 一 = 未

中 + 一 = 申

西 + 一 = 酉

오른쪽 한자 未(미), 申(신), 酉(유)는 양, 원숭이, 닭의 12지지 동물을 의미하며, 정답은 닭 그림입니다.

퀴즈 005 정답: 四

일련의 한자는 百 때문에 소수(素數)는 아니며, 한자 획수가 1획씩 늘어나는 한자 숫자 순열입니다.
二는 2획, 三은 3획, 五는 4획, (?)는 5획, 百은 6획으로 5획에 해당하는 물음표의 한자 숫자는 四입니다.

퀴즈 006 정답: 5번 바닷가

사격판을 음영(검정색, 흰색)으로 바꾸어 보면 피아노 흰색 건반이 되며, 총알 3발을 맞힌 곳은 순서대로 건반의 '파, 라, 솔'로서 저격수가 간 곳은 파라솔이 있는 바닷가입니다.

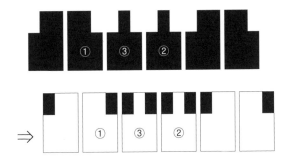

퀴즈 007 정답: 금

국가명을 영어로 적어 보면, Cuba, Nigeria, Singapore, Austria입니다.
보유한 광물자원은 국가명 영어 철자 어두에 있는 광물자원의 원소 기호(이름)이며, 정답은 아래와 같이 금(Au)입니다.

국가	Cuba	Nigeria	Singapore	Austria
광물자원	구리(Cu)	니켈(Ni)	황(S)	금(Au)

퀴즈 008 정답: 25

윗줄의 숫자는 아랫줄 좌우 2개의 숫자와 피타고라스 정리 관계이며, 정답은 아래와 같습니다.

$$165 \times 165 = 27225 = 132 \times 132 + 99 \times 99$$
$$101 \times 101 = 10201 = 99 \times 99 + 20 \times 20$$
$$? \times ? = 625 = 20 \times 20 + 15 \times 15 \ \Rightarrow\ ? = 25$$
$$17 \times 17 = 289 = 15 \times 15 + 8 \times 8$$
$$10 \times 10 = 100 = 8 \times 8 + 6 \times 6$$

	165	101	25	17	10
132	99	20	15	8	6

퀴즈 009 정답: 3

영어 알파벳과 숫자(아래에서 위로)는 1월~12월을 나타내는 영어단어의 첫 철자와 끝 철자, 그 사이의 철자 수를 나타냅니다.
일곱 개의 표에 해당하는 월 영어단어는 February(2월), March(3월), April(4월), June(6월), August(8월), September(9월), October(10월)로써 물음표에 해당하는 세 번째 표의 월은 April(4월)이고, 첫 철자 A, 끝 철자 L, 그 사이의 철자 수 3으로 정답은 3입니다.

Y	H	L	E	T	R	R
6	3	3	2	4	7	5
F	M	A	J	A	S	0

퀴즈 010 정답: 3번 계모

보기에 주어진 주요 단어를 해석하고 거울을 살펴보면 아래와 같습니다.

〈주요 단어 의미〉
1. 위: WE 발음
2. 두 언니: 두 언니가 볼 때 우리 WE
3. 예쁜 건 나: ME
4. 서쪽 동쪽: West East

백설공주는 거울을 보며 예쁜 건 나라고 했던 계모를 보고 책상에 WE로 쓴 것이며,
WE → ME로 거울에 비칠 것을 감안하여 범인이 계모라고 알린 것입니다.

퀴즈 011 정답: 삽살개 3마리

1마리에서 10마리까지 10품종의 강아지를 가로세로 합이 같도록 격리하면 합은 18이 되
며, 배열은 아래와 같습니다.

A 진돗개 (2마리)	B 리트리버 (5마리)	C 삽살개 (3마리)	D 푸들 (8마리)
E 말티즈 (10마리)			F 시츄 (9마리)
G 치와와 (6마리)	H 셰퍼드 (4마리)	I 비숑 (7마리)	J 불독 (1마리)

리트리버와 푸들 사이에 있는 강아지는 삽살개 3마리입니다.

퀴즈 012 정답: 셰퍼드 4마리

1마리에서 9마리까지 9품종 45마리 강아지를 4개의 원형 울타리에 합이 같도록 격리하면 합은 22가 되며, 숫자 배열은 아래와 같습니다.

〈A~J 구역별 강아지 종류〉
E 불독 1마리, B 진돗개 2마리,
H 삽살개 3마리, D 셰퍼드 4마리,
G 리트리버 5마리, I 치와와 6마리,
C 비숑 7마리, A 푸들 8마리,
J 시츄 9마리

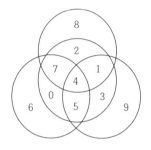

중앙(D)에 있게 된 강아지는 셰퍼드 4마리입니다.

퀴즈 013 정답: Mouth

영어단어를 한자로 바꾸면,
    East(東) : Tie(束)
    Bird(鳥) : Crow(烏)
    King(王) : Shield(干)
    Sun(日) : ? 입니다.
정답은 가로 1획이 줄어든 한자로 口이며, 영어로 바꾸면 Mouth입니다.

퀴즈 014 정답: 하마

건강검진표상 동물에 해당하는 숫자를 적어 보면,

곰(4, 18), 소(6, 8, 74), 쥐(42, 92, 34), 사자(3, 8, 7), 물음표(1, 53, 15, 15, 8)입니다.

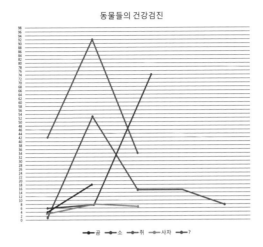

동물들의 건강검진

━●━ 곰 ━●━ 소 ━●━ 쥐 ━●━ 사자 ━●━ ?

해당 숫자를 화학 반응이 암시하는 화학 원소기호로 치환하면,

곰은 (Be 베릴륨, Ar 아르곤), 소는 (C 탄소, O 산소, W 텅스텐),

쥐는 (Mo 몰리브덴, U 우라늄, Se 셀레늄), 사자는 (Li 리튬, O 산소, N 질소),

물음표는 (H 수소, I 요오드, P 인, P 인, O 산소)가 됩니다.

물음표의 화학 원소기호를 조합하면 HIPPO가 되어 정답은 하마입니다.

퀴즈 015 정답: S

백설공주(Snow White)에게 있고, 신데렐라(Cinderella)에게 없습니다.

야수(Beast)에게 있고, 미녀(Beauty)에게 없습니다.

에베레스트(Everest Mt.)에 있고, 킬리만자로(Kilimanjaro Mt.)에 없습니다.

미시시피강(Mississippi River)에 4개 있고, 나일강(Nile River)에 없습니다.

별(Star)에 있고, 달(Moon)에 없습니다.

공통으로 있고 없는 나는 영어 철자 S입니다.

퀴즈 016 정답: 아래와 같음

태양계 여행은 태양계(태양, 수성, 금성, 지구/달, 화성, 목성, 토성)를 여행하는데, 음표와 쉼표는 차례대로 그 태양계 순서를 나타냅니다.
달력의 일정은 달력 요일(일, 월, 화, 수, 목, 금, 토)을 의미하며, 요일에 해당하는 행성 등의 음계(일, 월, 화 ~ 토 → 도, 레, 미 ~ 시)를 치환합니다.

예를 들면 수성은 태양계 두 번째로 달력의 네 번째(파)입니다.

구분	태양	수성	금성	지구/달	화성	목성	토성
태양계	1	2	3	4	5	6	7
요일	일(도)	수(파)	금(라)	쉼표/월(레)	화(미)	목(솔)	토(시)

태양계 순서와 달력 요일 음계를 조합하면 정답은 아래와 같습니다.

태양　　수성　금성　지구/달　화성　　목성　토성

퀴즈 017 정답: Bear

영어단어를 한자로 바꾸면,
    King(王) : Bead(玉)
    Human(人) : Fire(火)
    Stream(川) : Province(州)
    Proficient(能) : ? 입니다.

한자 왼쪽과 오른쪽 대응관계는 점획이 점차 1획씩 증가하는 관계로서 정답은 점획 4획이 증가한 한자로 熊이며, 영어로 바꾸면 Bear입니다.

퀴즈 018 정답: 滿開(만개)

5월은 여행길 경로(숫자 5)를 의미하고, 무지개 마을은 무지개 색상 순서(빨, 주, 노, 초, 파, 남, 보)로 이동함을 의미합니다.
경로에 맞게 이동하면, 전체 여행길 중에서 출발지, 도착지 이름을 붙여지어진 여행길 이름은 萬開(만개)입니다.
꿀벌은 꿀을 채취하러 꽃이 활짝 핀 萬開(만개) 길을 이동한 것입니다.

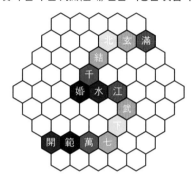

퀴즈 019 정답: SEOUL

검은 망토를 잘라 버림은 메모지의 검정색 부분을 잘라 버림을 의미합니다.
남아 있는 노란색 조각 5개를 조합하면, S, E, O, U, L이 되며, 뇌섹 스파이는 SEOUL(서울)로 갔습니다.

퀴즈 020 정답: 4번 다단계 판매원

장기알 象을 보면 숫자 6이 보입니다.
할아버지집 101호부터 출발하여 불 켜진 집을 따라서 장기알 象을 6회(101호 → 304호 → 606호 → 803호 → 505호 → 702호 → 1004호) 이동하면 1004호에 도착합니다.

(장기알 象이 가는 길은 원래 장기판 교점에서와 비슷하게 면에서 이동하면 상하좌우 방향 1칸에 대각 방향 2칸 이동함)

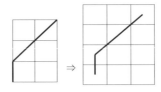

퀴즈 021 정답: 6조각

혜성 2개가 지나간 방향은 우측과 같으며,
초승달은 최대 6조각입니다.

퀴즈 022 정답: 9개

혜성 3개가 지나간 방향은 우측과 같으며,
삼각형은 최대 9개입니다.

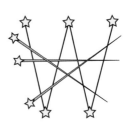

퀴즈 023 정답: 아래와 같음

시계를 살펴보면 눈금은 14까지 나타내고 있습니다.

한글연구소이므로 1부터 14까지 눈금은 각각 자음(ㄱ~ㅎ), 모음(ㅏ~ㅣ)순서를 의미하며, 한글 글자 초성, 중성, 종성 구성 순서에 따라 시침은 초성, 분침은 중성, 초침은 종성을 나타냅니다.

시침, 분침, 초침을 자음, 모음으로 치환하면,

    첫 번째 시계는 14(ㅎ), 7(ㅜ), 2(ㄴ) ⇒ 훈,

    두 번째 시계는 5(ㅁ), 10(ㅣ), 2(ㄴ) ⇒ 민,

    세 번째 시계는 9(ㅈ), 3(ㅓ), 8(ㅇ) ⇒ 정,

    네 번째 시계는 8(ㅇ), 9(ㅡ), 5(ㅁ) ⇒ 음입니다.

시침, 분침, 초침을 그려 넣은 시계 모습은 우측과 같습니다.

퀴즈 024 정답: 학교

전주에 달린 전선은 오선줄을 의미합니다.

순간 포착된 참새 발에 해당하는 지점을 계이름으로 적으면, 솔솔라라 솔솔미 솔솔미미레입니다.

계이름에 맞는 노래는 '학교종'으로 참새들은 학교로 날아갑니다.

퀴즈 025 정답: all

삼촌은 내(영어단어) 앞에 붙는 철자로써, 삼촌 스무 명은 알파벳 순서대로 a(1)부터 t(20)
까지입니다.

두 번째 삼촌(b: 하늘에서 내리는 비)		ball(둥근 공)
세 번째 삼촌(c: 땅에서 올라오는 씨)		call(부름)
여덟 번째 삼촌(h)	+ all ⇒	hall(복도)
열아홉 번째 삼촌(s) 열세 번째(m)		small(작은)
스무 번째 삼촌(t)		tall(키 큰)
여섯 번째 삼촌(f)		fall(가을)

모두(all)를 사랑하는 나는 모든 단어에 포함되어 있는 all입니다.

퀴즈 026 정답: 벨기에

다섯 국가는 3색기 국가로서 포토존의 돌담은 위에서 아래 방향으로 다섯 국가의 3색기
색깔이며, 중앙의 검정, 노랑, 빨강의 3색기 국가는 벨기에입니다.

말리　　　루마니아　　　벨기에　　　프랑스　　　이탈리아

3색기 국가(색깔)는 말리(초, 노, 빨), 루마니아(파, 노, 빨), 벨기에(검, 노, 빨), 프랑스(파,
하, 빨), 이탈리아(초, 하, 빨)입니다.

퀴즈 027 정답: 83

조카가 운동을 한 것은 볼링이고, 조카가 기분이 안 좋은 것은 친구들과의 게임에서 졌기 때문입니다.

다섯 가지 계산 문제는 볼링 프레임별 점수를 누계한 점수로서 네 번째 문제 707/70 X 808/80를 7프레임까지 계산하면 점수는 83입니다. (0은 - 임)

프레임	1	2	3	4	5	6	7
	7-	7/	7-	X	8-	8/	8-
누계점수	7	24	31	49	57	75	83

퀴즈 028 정답: ● ● ● ○

바둑알 계산은 백은 0, 흑은 1인 2진법 계산입니다.

흑백을 1과 0으로 계산(괄호 안은 10진수)하면,

　　0011(3) + 0101(5) = 1000(8),

　　0010(2) + 1011(11) = 1101(13),

　　0110(6) + 0110(6) = 1100(12),

　　0101(5) + 1001(9) = 1110(14)이며, 바둑알로 나타내면 아래와 같습니다.

정답은 1110(14) = ● ● ● ○ 입니다.

퀴즈 029 정답: ㅅ

유치원은 새끼 동물들을 의미하며, 1대1 대응 관계는 새끼 동물 이름과 한 글자 어미 동물 이름을 초성 자음으로 나타낸 것입니다.

　　　　　　ㄴ ㅅ ㄴ : ㄱ　　(능소니 : 곰)

　　　　　　ㅂ ㅇ ㄹ : ㄷ　　(병아리 : 닭)

ㅊ ㄱ ㄹ : ㅁ   (초고리 : 매)

ㄱ ㅎ ㅈ : ㅂ   (개호주 : 범)

ㅅ ㅇ ㅈ : ?   (송아지 : 소)

정답은 '소'에 해당하는 초성 자음 ㅅ입니다.

퀴즈 030 정답: 4번 우물증 치료사

1~4번 영어 닉네임 명찰 이름은 아래와 같습니다.

1. 팬더 한 마리, 사람 한 명

a pander
a person

2. 나쁜 소년 없고, 착한 소년만

no bad boy
only good boy

3. 아름다운 꽃, 위대한 나무

a beautiful flower
a great tree

4. 스트레스 받는 몸, 잃어버린 애완동물

stressed body
missing pet

이중에서 뜯어진 명찰 조각(   )과 비슷한 부분은 영어 이름 철자의 빨간색 부분이

며, 조각에 맞는 영어 이름 철자는 4번입니다.

퀴즈 031 정답: 아래와 같음

시골은 시골 관련 한자를 암시하며,
정답은 우측과 같습니다.

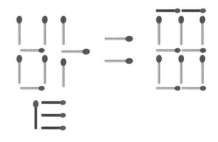

퀴즈 032 정답: 아래와 같음

전력회사 친구이므로 전기에 관한 기본 등식입니다.
전압(V) = 전류(I) × 저항(R)으로 정답은 아래와 같습니다.

퀴즈 033 정답: 25

꽃잎은 중심 부분이 직각인 5개의 직각삼각형을 나타내고 있으며, 각각의 꽃잎을 피타고라스 정리로 계산하면 정답은 아래와 같습니다.

$6×6 + 8×8 = 100 = 10×10$

$8×8 + 15×15 = 289 = 17×17$

$15×15 + 20×20 = 625 = ? = 25×25$

$20×20 + 99×99 = 10201 = 101×101$

$99×99 + 132×132 = 27225 = 165×165$

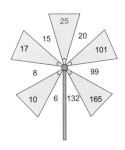

퀴즈 034 정답: 가야금

각 국의 현악기(줄 수)를 적어 보면,

해금(2줄, 한국), 얼후(2줄, 중국), 우쿨렐레(4줄, 미국 하와이),

거문고(6줄, 한국), 만돌린(8줄, 이탈리아), 바이올린(4줄),

비올라(4줄), 첼로(4줄), 가야금(12줄, 한국)이며,

현악기 줄의 개수를 더하는 문제입니다.

현악 3중주(X + Y + Z) 악기는 바이올린, 비올라, 첼로이며, 줄을 더하면 12줄로 물음표에 해당하는 현악기는 가야금입니다.

얼후(2줄) + 해금(2줄) = 우쿨렐레(4줄)
우쿨렐레(4줄) + 해금(2줄) = 거문고(6줄)
바이올린(4줄) + 첼로(4줄) = 만돌린(8줄)
비올라(4줄) + 거문고(6줄) = 해금(2줄) + 만돌린(8줄)
현악 3중주(X + Y + Z = 4줄 + 4줄 + 4줄) = ? = 가야금(12줄)

퀴즈 035 정답: 日

정답 日자는 상하(물구나무) 좌우(거울) 동형입니다.
살이 찌면 가로로 넓어져 曰이 되어 다른 한자가 되고,
뱃살이 나오면 1줄이 없어져 口, 뱃살이 줄면 1줄이 생겨나 目이 됩니다.
달력에서 제일 앞장서며, 사람들은 일요일을 좋아합니다.
친한 친구는 月로서 함께하면 明이 되어 밝고,
천사의 모자를 쓰면 百이 되어 가치(일→백)가 커집니다.
공통으로 들어가는 나는 日입니다.

퀴즈 036 정답: 5월(May)

3종류의 꽃을 영어로 적어 보면, 코스모스(cosmos), 카네이션(carnation), 백합(lily)입니다.
각각의 영어단어에서 꽃송이(4, 2, 4)에 해당하는 영어 철자를 적으면, m(cosmos), a(carnation), y(lily)이고, 꽃들이 모인다는 암시에서 영어 철자를 합하면 정답은 may(5월)입니다.

퀴즈 037 정답: CHIMNEY(굴뚝)

서울 산타와 부산 산타의 대화내용 각 줄의 첫 단어에 담긴 영어 발음 글자를 적어 보면, '씨, 에이취, 아이, 앰, 앤, 이, 와이'입니다.

발음을 영어 철자 C, H, I, M, N, E, Y 바꾸어 조합하면 'CHIMNEY'이 되어 서울 산타의 고민은 굴뚝입니다.

참고로 아래는 서울 산타와 부산 산타의 대화 내용입니다.

> 서울 산타: 씨티화된 서울 생활에 애로사항이 있어 찾아왔네.
> 부산 산타: 에이취~ 감기가 일주일째라 오시라 했는데 무슨 일인겨?
> 서울 산타: 아이들은 미래의 희망인데 이것이 나를 힘들게 하네.
> 부산 산타: 앰합니다. 그거 가지고 그러면 어캅니까?
>   앤간하면 다른 방법도 활용하고 참고 하이소.
> 서울 산타: 이 일을 그렇게까지 계속해야 하는가 싶어.
> 부산 산타: 와이카노. 그래도 사명감을 가지고 열심히 해야제.

퀴즈 038 정답: 먼저 나뭇잎 1개를 뗀다

나뭇잎(빨간 나뭇잎 포함) 전체 개수는 20개이며, 나뭇잎을 서로 번갈아 한번에 1개 또는 2개를 뗄 수 있으므로 서로 한 번씩 뗄 경우, 떼는 합을 3개로 조정할 수 있습니다.
(여친이 1개 떼면 뇌섹인은 2개 떼고, 여친이 2개 떼면 1개 뗌)

같은 방법으로 떼는 합을 3의 배수(3, 6…18)로 조정 가능하게 되며, 전체 20개에서 조정 가능한 3의 배수인 18개를 제외한 나머지 2개 나뭇잎에서 빨간 나뭇잎을 여친이 떼게 하려면, 아래와 같이 뇌섹인이 먼저 나뭇잎 1개를 떼어 내면 됩니다.

횟수	1회	2회	3회	4회	5회	6회	7회
뇌섹인	1	3, 4	7	9, 10	12, 13	16	18, 19
여 친	2	5, 6	8	11	14, 15	17	20

퀴즈 039 정답: L

알파벳이 있는 칸 전체는 머그컵을 나타내며, 휴식은 티타임을 의미합니다. 알파벳 조모임은 커피 종류명과 커피에 들어가는 재료명 이니셜을 나타냅니다.

커피 종류명과 재료명의 영어단어를 적으면, 정답은 아래와 같이 L(Latte)입니다.

퀴즈 040 정답: 2번 S/W 기사 안보안 씨

프로그래머 손가락 3은 오목판 3행을 암시합니다.
3행 오목알 8개 ○○○●○●●○ (하얀알은 0, 검정알은 1)는 2진수 000101100이며,
10진수로 22로써 정답은 22층에 거주하는 S/W 기사 안보안 씨입니다.

퀴즈 041 정답: 아래와 같음

통나무는 log를 암시하며, 정답은 아래와 같습니다.

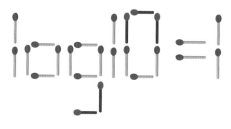

퀴즈 042 정답: H2O = 물

좌측의 3과 우측의 6에 있는 성냥개비를 아래와 같이 옮기면, 정답은 H2O = 물입니다.

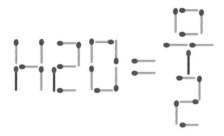

퀴즈 043 정답: 501호

세계 각국은 가로 3색기 국가로 무지개색 순서에 따라 빨강 1, 주황 2, 노랑 3, 초록 4, 파랑 5로 치환하고, 하양은 0으로 치환합니다.

3색기 순서별 치환된 숫자에 따라 각국(투숙하는 방)을 나타내면,
　　　루마니아(파랑, 노랑, 빨강, 531호),
　　　아일랜드(초록, 하양, 주황, 402호),
　　　이탈리아(초록, 하양, 빨강, 401호),
　　　나이지리아(초록, 하양, 초록, 404호),
　　　프랑스(파랑, 하양, 빨강, 501호)이며,
프랑스 선수가 투숙하는 방은 501호입니다.

퀴즈 044 정답: 2번 사육사

QR 코드상의 가로줄(왼쪽에서 오른쪽)을 한글의 자음(가~하) 순서, 세로줄(아래에서 위)을 한글의 모음(ㅏ~ㅣ) 순서로 정하고, 검은색의 12조각에 해당하는 부분을 한글로 만들면, 아래쪽, 왼쪽부터 차례대로 '사, 자, 타, 너, 더, 여, 조, 구, 두, 우, 리, 지'의 12글자가 됨

니다.

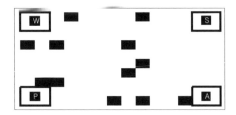

12글자로 단어로 조합하면, 사자, 타조, 너구리, 여우, 두더지이며, 뇌섹인의 직업은 사육사입니다. (WSPA는 세계동물보호협회 약자)

퀴즈 045 정답: 19

예전 기와집 안방에서 느꼈던 어머니의 따뜻한 사랑은 19공탄이며, 현대 남녀의 정열적인 사랑을 알기에 제한받는 것은 19금 영화입니다.
알파고의 운동장은 바둑판으로 가로세로 19줄이고, 3중 전선의 형제는 전선 19가닥(=1+6+12)이며, 당구 6구 경기의 훼방꾼은 원점수에 추가 획득해야 할 점수인 19점입니다.
공통으로 들어가는 나는 숫자 19입니다.

퀴즈 046 정답: OK

다섯 개의 큐빅 판을 왼쪽(아래)부터 오른쪽(위)까지 쌓은 후, 정면에서 바라보면 아래와 같습니다.

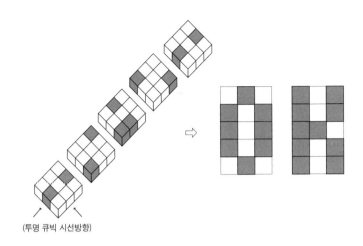

(투명 큐빅 시선방향)

퀴즈 047 정답: orchestra

악기들의 이름을 빈칸에 맞게 적어 보면, 정답은 아래와 같습니다.

		v	i	o	l	i	n		
	c	l	a	r	i	n	e	t	
			c	e	l	l	o		
			h	a	r	p			
	f	l	u	t	e				
		b	a	s	s	o	o	n	
t	r	u	m	p	e	t			
		h	o	r	n				
		t	u	b	a				

퀴즈 048 정답: 子(아들)

조각난 뜨개질 도면 9조각을 육각형으로 붙이면 아래와 같으며, 정답은 여성은 子(아들)

을 위해 뜨개질하는 것입니다.

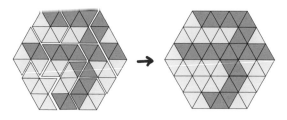

퀴즈 049 정답: 삼겹살

삼짓날은 음력이지만 3.3데이(삼겹살)를 의미합니다.
석쇠 위 색깔을 삼원색(빨강, 노랑, 파랑)으로 분리하면, 아래와 같습니다.
[주황(=빨강+노랑), 보라(=빨강+파랑), 검정(=빨강+파랑+노랑)]

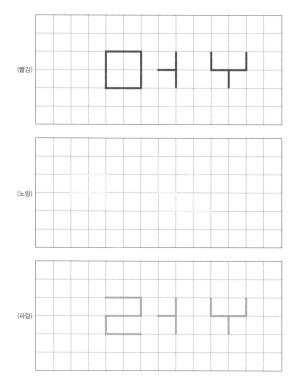

분리된 부분을 180도 뒤집어서 색깔별 조합하면, 정답은 아래와 같습니다.

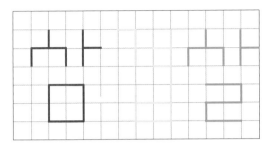

퀴즈 050 정답: 12개국

숨은 나라는 지문과 대화 속에 숨어 있으며, 아래와 같이 12개국입니다.

일본(아시아), 인도(아시아), 네팔(아시아), 가나(아프리카),

타이(아시아), 가봉(아프리카), 수단(아프리카), 이란(아시아),

독일(유럽), 터키(유럽), 수리남(남아메리카), 미국(북아메리카)

참고로 아래는 지문과 대화 내용입니다.

어느 여름날 토요일 본사 일을 마치고, 뇌섹인이 아파트 앞에서 오랜만에 집에 오시는 장모를 만났다. 장인도 만났다.

장　　모: 뇌서방? 자네 팔 걷어붙이고 어딜 그리 바쁘게 가나?
뇌서방: 장모님, 안녕하세요? 생각보다 조금 늦게 오셨네요.
장　　인: 넥타이는 제대로 했구만.
뇌서방: 장인 어르신도 안녕하십니까?
　　　　다음 달 여동생 결혼식이 있어 양복 가봉하러 갑니다.
장　　모: 사돈처녀가 수단이 좋아. 의사하고 혼인한다지?
뇌서방: 네… 춘향이란 친구 소개로 만났다고 합니다.
장　　모: 유독 일만 하는 줄 알았는데, 잘 되었어.

뇌서방: 그럼, 다녀오겠습니다.

장   인· 빨리 디너오게. 믈 때 켄터키치킨 1마리도 사오게.
　　　　이 앞 독수리남자 호프집에서 말이야. 맥주 한잔 해야지.

뇌서방: 네, 알겠습니다. 더운데 어서 집에 들어가십시오.

장   모: 어머나, 화단에 장미 국화가 예쁘게 피었네.

장   인: 빨리 들어갑시다. 몇 동이었더라.

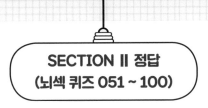
퀴즈 051 정답: V

순서에 따른 철자는 일련의 무지개색(빨, 주, 노, 초, 파, 남, 보) 영어단어의 첫째 철자입니다. 영어단어는 Red, Orange, Yellow, Green, Blue, Navy, Violet로서, 괄호 안의 정답은 V입니다.

퀴즈 052 정답: Water

영어단어를 순서대로 해석하면, '굴, 둘, (　), 술, 줄'이고, 해석된 한글 초성을 순서대로 살펴보면, 'ㄱ, ㄷ, (ㅁ), ㅅ, ㅈ'으로 자음 2개 차이 순열입니다.
자음 순열에 따라 괄호 안은 초성 ㅁ의 한글 단어 '물'이 되며, 영어단어로는 Water입니다.

퀴즈 053 정답: 아래와 같음

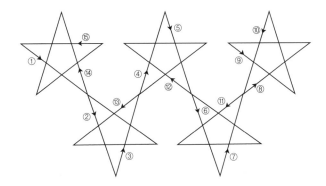

퀴즈 054 정답: 배구

열거된 구기 운동선수 숫자를 적어 보면, '(?), 5, 4, 3, 2'로 물음표 숫자는 6이 되고, 6명이 뛰는 구기 운동은 배구입니다.

(배구) - 풋살 - 세팍타크로 - 길거리농구 - 비치발리볼

퀴즈 055 정답: 32

동물들 이름을 영어로 적어 보면, BEAR(곰), PIG(돼지), LION(사자), 소(COW), 여우(FOX)이며, 각각 영어단어 철자(A~Z)를 숫자(1~26)로 환산하여 더하면 몸무게 숫자가 되어 돼지의 몸무게는 아래와 같이 32입니다.

BEAR (곰) = 2(B) + 5(E) + 1(A) + 18(R) = 26
PIG (돼지) = 16(P) + 9(I) + 7(G) = ? = 32
LION (사자) = 12(L) + 9(I) + 15(O) + 14(N) = 50
COW (소) = 3(C) + 15(O) + 23(W) = 41
FOX (여우) = 6(F) + 15(O) + 24(X) = 45

퀴즈 056 정답: 2

등식 양쪽의 숫자를 한자로 적어 보면,
1000 = 10 ⇒ 千 = 十
    7 = 1 ⇒ 七 = 一
    6 = 8 ⇒ 六 = 八
    5 = ? ⇒ 五 = ?으로
좌변 한자의 부수가 우변 한자가 되는 관계입니다.

우변 한자는 순서대로 '十, 一, 八, 二'이며, 숫자로 변환하면 물음표에 해당하는 정답은 2
입니다.

퀴즈 057 정답: 西(서쪽)

여친이 남기고 간 눈물에 젖은 손수건 형태에서 'ㅠ'와 4를 한자로 적은 '四'를 더하면, 西
(ㅠ + 四)가 되어 여친은 서쪽으로 갔습니다.

퀴즈 058 정답: 신사 그림()

육십 갑자의 천간을 1에서 10까지, 지지를 1에서 12까지로 지정합니다.
    천간(1~10): 갑, 을, 병, 정, 무, 기, 경, 신, 임, 계
    지지(1~12): 자, 축, 인, 묘, 진, 사, 오, 미, 신, 유, 술, 해

천간과 지지의 지정숫자를 아래와 같이 곱하면, 곱으로 이루어진 천간과 지지의 합성 단
어가 사람을 나타내며, 정답은 신사 그림입니다.

$$3(병) \times 6(사) = 병사$$
$$6(기) \times 1(자) = 기자$$
$$6(기) \times 6(사) = 기사$$
$$8(신) \times 6(사) = 신사$$

퀴즈 059 정답: 얼음 그림(🧊)

그림(사진)을 한자로 바꾸면, 玉(구슬옥) - 王(임금왕) = X = `이고,
` + 水(물수) = ? = 氷(얼음빙)이 되어 정답은 얼음 그림입니다.

퀴즈 060 정답: 직각삼각형 세변

자연은 자연수를 암시하고, 삼형제 복제친구는 제곱을 암시합니다.

나와 내 복제친구, 작은형과 작은형 복제친구가 힘을 합하고 서로 도와야 함은 두 변의 제곱의 합을 의미하고, 큰형과 큰형 복제친구의 합한 힘은 제일 큰변(빗변)의 제곱을 의미합니다.

즉 다른 두 변의 제곱의 합은 큰변(빗변)의 제곱과 같은 피타고라스 정리로서 절친 삼형제는 직각삼각형 세 변을 의미합니다.

나이에 대한 내용(두 살씩 증가, 연년생 등)은 아래와 같습니다.

n년		1년	2년	3년	4년	5년	6년	7년	…
A (큰 형)	$2n(n+1)+1$	5	13	25	41	61	85	113	…
B (작은형)	$2n(n+1)$	4	12	24	40	60	84	112	…
C (나)	$2n+1$	3	5	7	9	11	13	15	…

퀴즈 061 정답: 아래와 같음

6개의 행성번호를 3개의 원주상 합이 같도록 접점에 배치하면 배열은 아래와 같으며, 원주상 합이 14가 됩니다.(다른 정답도 가능함)

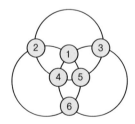

퀴즈 062 정답: 아래와 같음

8개의 행성번호를 2개의 원과 2개의 +자상의 접점에 배치하면 배열은 아래와 같으며, 합은 18이 됩니다.(다른 정답도 가능함)

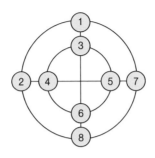

퀴즈 063 정답: 아래와 같음

사장조(#)와 파이가게는 π(파이)를 암시하며, 악보의 음계를 적어 보면, '미, 도, ?, 도, 솔, 레, 레'로서 음계를 숫자로 치환(도, 레, 미, ~ ⇒ 1, 2, 3 ~)하면 '3, 1, ?, 1, 5, 9, 2'가 됩니다. 물음표는 π(파이) 일련의 숫자에서 빠진 숫자 4로써, 음계로 재치환(4 ⇒ 파) 하면, 사장조 '파' 자리에 1/4박(4/4박자의 4박에서 이미 적혀진 3과 3/4박을 뺌)에 해당하는 16분 음표가 필요합니다.

퀴즈 064 정답: <

원소기호(이름)를 영어 철자로 조합하면, 동물 영어단어가 됩니다.

부등호는 동물 간에 천적 관계를 나타내며, 물음표는 '〈'입니다.

$$C aT \ \rangle \ Mo\,U\,Se$$
$$COW \ \langle \ TIgeR$$
$$LiON \ \rangle \ HoRSe$$
$$SHeeP \ \langle \ WOIF$$
$$raBBiT \ ? \ SNaKe$$

참고로 차례대로 원소기호(이름)와 원자번호를 적어 보면 아래와 같습니다.

C(탄소, 6), Ta(탄탈럼, 73), U(우라늄, 92), Se(셀레늄, 34), Mo(몰리브덴, 42), W(텅스텐, 74), O(산소, 8), C(탄소, 6), I(요오드, 53), Rg(렌트게늄, 111), Te(텔루륨, 52), N(질소, 7), Li(리튬, 3), S(황, 16), Ho(홀뮴, 67), Re(레늄, 75), He(헬륨, 2), P(인, 15), Fl(플레로븀, 114), Ba(바륨, 56), Br(브롬, 35), Ti(티타늄, 22), K(칼륨, 19), Na(나트륨, 11)

퀴즈 065 정답: 개미 그림(🐜)

유전자 동물변이는 어미와 어미가 낳은 동물이 전혀 다름을 의미하며, 어미와 어미가 낳은 동물을 영어로 적어 보면,

  fox(여우) : ox(황소)
  pigeon(비둘기) : pig(돼지)
  caterpillar(애벌레) : cat(고양이)
  elephant(코끼리) : ?(?) 입니다.

어미와 어미가 낳은 동물과의 관계는 어미 영어단어가 어미가 낳은 동물 영어단어를 포함하고 있는 관계로서 물음표는 ant(개미) 그림입니다.

퀴즈 066 정답: 매화틀

한글 자음(ㄱ, ㄴ ~ ㅎ), 모음(ㅏ, ㅑ ~ ㅣ)을 숫자(빨강 1~14, 파랑 1~10)로 지정하고, 지정 숫자를 한글로 치환하여 더하면, 아래와 같습니다.

    1 + 2 + 1 + 10 = ㄱ + ㄴ + ㅏ + ㅣ = 매
    5 + 8 + 5 + 1 = ㅗ + ㅇ + ㅗ + ㅏ = 화
    12 + 9 + 1 + 3 = ㅌ + ㅡ + ㄱ + ㄷ = 틀

정답은 '매화틀'로써 세종대왕은 수라상을 물리고 나서 용변을 원한 것입니다.

퀴즈 067 정답: 아래와 같음

8개의 행성번호를 큐브상의 꼭짓점에 배치하면, 배열은 아래와 같으며, 사각형면 꼭짓점 의 합은 18이 됩니다.(다른 정답도 가능함)

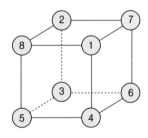

퀴즈 068 정답: 二五

한자 나이 2글자 곱 결과(2, 4, 6, 8, 10, 12, 14, 16, 18)로 만들어진 마방진으로 가로, 세로, 대각선 합은 30입니다.

二四	三六	四一		8	18	4
三二	?	七二	⇨	6	10	14
四四	一二	二六		16	2	12

한자 2글자 곱이 10인 경우는 4가지(1×10, 2×5, 5×2, 10×1)이며, 1~9 한자로서 지천명(50) 미만의 경우는 2×5(二五)인 경우만 해당됩니다.

퀴즈 069 정답: 단군

미로 카드 2장 속의 노란색 조각 6개는 ㅜ、ㄴ、ㄱ、ㅏ、ㄷ、ㄴ이며, 자음과 모음을 조합하면, 곰과 호랑이가 만난 할아버지는 단군입니다.

퀴즈 070 정답: 1번 청년

골목길에 흩어진 상품을 정리하면 길에 쓰여진 '일방통행'이 보이며, 국어교사는 일방통행 받침 ㄹㅇㅇㅇ을 숫자 '2000'으로 전송한 것입니다.
범인은 일방통행 골목길 서쪽으로 도주한 1번 청년입니다.

퀴즈 071 정답: 노란색 방

전체 꿀벌방 모양이 육각형인 꿀벌방의 합 (1+6+12+18+24+30+36+42…)을 겹별(1겹, 2겹, 3겹…)로 구하면, 1, 7, 19, 37, 61, 91, 127, 169…이며, 이 중에서 150개 이하이면서 소수(素數)가 아닌 경우는 6겹, 방의 합이 91개 (1+6+12+18+24+30)인 경우입니다.
전체 꿀벌방이 6겹이므로 여왕벌방은 제일 중

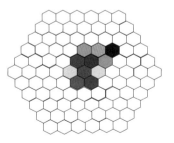

앙인 빨강색이고, VIP 3시 방은 노란색이 됩니다.

퀴즈 072 정답: 강아지 그림(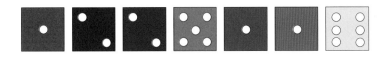)

3P 바코드는 전체(30칸, 36칸)를 3칸씩 나누어 판단함을 암시합니다.
3칸씩 12부분을 검은색(1), 백색(0)에 해당하는 2진수로 바꾸면,

11111 355 31~,

533 531 232 135~,

553 1111 23 535~가 됩니다.

숫자(1, 2, 3, 4, 5)를 음계(도, 레, 미, 파, 솔)로 치환하면, 아래와 같은 게이름을 가진 동요의 첫 소절이 됩니다.

도도도도도 미솔솔 미도 ~ : 곰 세 마리

솔미미 솔미도 레미레 도미솔 ~ : 산토끼

솔솔미 도도도도 레미 솔미솔 ~ : 강아지

정답은 강아지 그림입니다.

퀴즈 073 정답: rainbow(무지개)

주사위는 무지개색(빨, 주, 노, 초, 파, 남, 보)으로 섞여 있습니다.

순서대로 주사위 색을 영어단어로 적으면,
빨강(red), 남색(navy), 보라(violet), 초록(green), 파랑(blue), 주황(orange), 노랑(yellow)입니다.

순서대로 주사위 색에 해당하는 영어단어에서 주사위 눈에 해당하는 철자를 적으면,
빨강 1은 r(red), 남색 2는 a(navy), 보라 2는 i(violet), 초록 5는 n(green), 파랑 1은 b(blue),
주황 1은 o(orange), 노랑 6은 w(yellow)이 되며, 영어 철자를 합하면 rainbow입니다.

퀴즈 074 정답: 3(분)

동물 이름(개 → 개, 양 → 걸, 소 → 윷, 말 → 모)과 한가위는 윷놀이를 암시하며, 정거장
역과 시간은 윷놀이 말판과 경로를 나타냅니다.

동물들의 이동 경로는 아래와 같습니다.

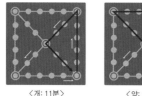 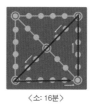 

〈개: 11분〉　　〈양: 16분〉　　〈소: 16분〉　　〈말: 20분〉

동물들의 이동 시간은 1칸에 1분으로 말의 이동 경로상 물음표의 이동 시간은 3(분)입니다.

말	◎	3	○	3	○	3	○	5	○	1	◎	3	○	2	◎

퀴즈 075 정답: 독일

여섯 국가는 세로 3색기 국가이며,
강의장 책상 색깔은 시계 반대 방향
(C의 필기 방향)으로 여섯 국가의
3색기 색깔을 나타냅니다.

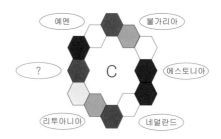

지각생의 책상은 검정, 빨강, 노랑 3색으로 3색기 국가는 독일입니다.

여섯 국가의 3색기 색깔은 아래와 같습니다.

예멘(빨, 하, 검), 독일(검, 빨, 노), 리투아니아(노, 초, 빨),

네덜란드(빨, 하, 파), 에스토니아(파, 검, 하), 불가리아(하, 초, 빨)

퀴즈 076 정답: 아래와 같음

주사위 배열은 가로, 세로, 대각선으로 눈의 합이 12인 마방진으로서 물음표에 들어가는 주사위 눈은 아래와 같이 2입니다.

퀴즈 077 정답: 3번 타자

뇌섹팀 3회까지 아웃 9명, 득점 10명으로 출루자(12명 = 안타 9명 + 4구 3명)에서 득점자 (10명)를 빼면 잔루가 2명이 되어야 하지만, 1명만 잔루이므로 1명은 병살타 등 아웃 9명에 포함된 것으로 볼 수 있습니다.

팀명	1	2	3	4	5	6	7	8	9	R	H	B	E
뇌섹	1	4	5							10	9	3	0
백곰	2	0	3							5	6	1	0

결국 3회까지 나온 선수는 20명(아웃 9명, 득점 10명, 잔루 1명)으로 순번(1~9번,1~9번, 1~2번)을 계산하면 4회초 선두타자는 3번 타자입니다.

퀴즈 078 정답: 11일

조선 왕과 왕에 해당하는 왕릉을 순서대로 적어 보면, 아래와 같습니다.

왕	태조	정종	태종	세종	문종	단종	세조
왕릉	건원릉	후릉	헌릉	영릉	현릉	장릉	광릉
왕	예종	성종	연산군	중종	인종	명종	…
왕릉	창릉	선릉	연산군묘	정릉	효릉	강릉	…

왕릉 순서대로 지정번호(1~27)를 부여하면, 그 지정번호가 방문일입니다.

방문일	3일	7일	8일	9일	11일
왕릉	헌릉	광릉	창릉	선릉	정릉

퀴즈 079 정답: 과학자

트럼프 카드의 검정색(클로바)은 자음, 빨간색(하트)은 모음이며, 숫자(1~10)는 자음(ㄱ, ㄴ~ㅊ), 모음(ㅏ, ㅑ~ㅣ) 순서입니다. A~E에 해당하는 사람은 아래와 같으며, 이들의 직업은 과학자입니다.

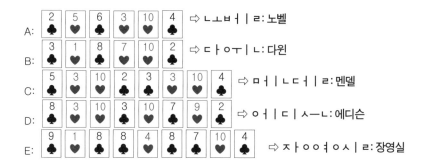

퀴즈 080 정답: 4번 이경쟁 교사

통나무는 영어로 log이며, 수학에서 log 함수를 암시합니다.
통나무가 나타내는 log 함수를 자연수로 변환하면, log100 = 2, log10 = 1, log1 = 0이므로 통나무 더미를 차례대로 자연수로 적으면 네 자리 수 2210로서 범인은 차량번호 2210 소유자 이경쟁 교사입니다.

퀴즈 081 정답: 104호

5개국은 세로 3색기 국가로 무지개색 순서에 따라 빨강 1, 주황 2, 노랑 3, 초록 4, 파랑 5로 치환하고, 하양은 0으로 치환합니다.
3색기 순서별 숫자 치환에 따라 각국(투숙하는 방)을 나타내면,

    가봉(초록, 노랑, 파랑, 435호),

    네덜란드(빨강, 하양, 파랑, 105호),

    러시아(하양, 파랑, 빨강, 051호),

    불가리아(하양, 초록, 빨강, 041호),

    헝가리(빨강, 하양, 초록, 104호)이며,

헝가리 선수가 투숙하는 방은 104호입니다.

퀴즈 082 정답: 제우스, 목성

시계 방향으로 그리스 8명 신들의 이름을 그리스어와 영어로 적어 보면, 아래와 같으며, 8개 행성의 영어 이름이 고향을 의미합니다.

그리스 신들	신들의 이름
헤르메스	(Hermes, Mercury, 수성)
아프로디테	(Aphrodite, Venus, 금성)
가이아	(Gaia, Earth, 지구)
아레스	(Ares, Mars, 화성)
?	(?, ?, ?)
크로노스	(Kronos, Saturn, 토성)
우라노스	(Uranos, Uranus, 천왕성)
포세이돈	(Poseidon, Neptune, 해왕성)

행성 순서에 따라 물음표에 해당하는 행성은 목성(Jupiter)이며, 목성에 해당하는 그리스 신의 이름은 제우스(Zeus)입니다.

퀴즈 083 정답: BBA

영어 철자(A, B~J)를 숫자(1, 2~0)로 치환하면 아래와 같습니다.

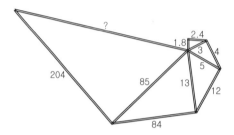

스라고타피는 피타고라스를 거꾸로 적은 단어로 피타고라스 정리를 암시하며, 달팽이 마을 도로 이름을 작은 숫자부터 차례대로 피타고라스 정리로 계산하면, 도로 이름 숫자는 아래와 같습니다.

　　1.8×1.8 + 2.4×2.4 = 9 = 3×3,

　　3×3 + 4×4 = 25 = 5×5,

　　5×5 + 12×12 = 169 = 13×13,

　　13×13 + 84×84 = 7225 = 85×85,

　　85×85 + 204×204 = 48841 = 221×221입니다.

계산된 도로 이름 숫자를 영어로 재치환하면 물음표 도로 이름은 BBA입니다.

퀴즈 084 정답: ♡(사랑)

팔방미인은 숫자 주변 8칸(　　　　)에 들어 있는 장미 송이 수를 의미하며,

10송이는 편지 속에도 장미 10송이가 그려져 있음을 암시합니다.

숫자 주변 8칸에 해당하는 장미를 차례대로 그려 보면 아래와 같으며, 정답은 ♡입니다.

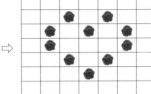

퀴즈 085 정답: C그룹

A그룹(土, 木, 里)은 좌우 대칭(土, 木, 里)에만 한자가 되는 그룹이며,

B그룹(上, 亞, 臣)은 상하 대칭(下, 亞, 臣)에만 한자가 되는 그룹이며,

C그룹(三, 甲, 目)은 좌우 대칭(三, 甲, 目)과 상하 대칭(三, 由, 目)인 경우에만 한자가 되는 그룹이며,

D그룹(一, 口, 田)은 좌우 대칭(一, 口, 田)과 상하 대칭(一, 口, 田) 외에 90도 회전(丨, 口, 田)하는 경우까지 한자가 되는 그룹입니다.

士는 좌우 대칭(士, 선비 사)과 상하 대칭(干, 방패 간)인 경우에만 한자가 되므로 C그룹입니다.

퀴즈 086 정답: snow white(백설공주)

자연스럽게 모인 동물들을 좌측부터 차례대로 영어로 적어 보면,

4번 거위(goose), 3번 원숭이(monkey), 6번 너구리(raccoon),

2번 백조(swan), 7번 제비(swallow), 1번 말(horse),

5번 토끼(rabbit), 8번 코끼리(elephant), 9번 악어(crocodile)입니다.

4	3	6	2	7	1	5	8	0

순서대로 모인 동물들 영어단어에서 해당번호 철자를 적어 보면,

s(goose), n(monkey), o(raccoon), w(swan), w(swallow), h(horse), i(rabbit), t(elephant), e(crocodile)로서 이를 조합하면 정답은 snow white(백설공주)입니다.

퀴즈 087 정답: 1324

공주와의 대화 중에서 한국어가 서툰 요정의 말을 살펴보면, 첫 문장의 동사에서 실마리를 풀 수 있습니다.

요정이 첫 문장에서 말한 동사는 읽히고(1키고), 삼키게(3키게), 익히고(2키고), 삭혀서(4켜서)이며, 발음상 연음 소리대로 불이 들어오는 버튼을 누르면 약병 상자가 열리게 되며, 정답은 순서대로 1324입니다.

퀴즈 088 정답: CAFE

나뭇가지는 크게 4개로서 각 가지는 대중소 순서대로 2진수 자리수(유색: 1, 무색: 0)를 나타내며,

하트 나뭇잎 색상은 2진수 순서(무지개: 빨, 주, 노, 초)를 의미합니다.

나뭇가지 크기와 하트 나뭇잎 색상을 2진수로 적어 보면 아래와 같이

2진수 3165를 원 둘레에 있는 영어 철자로 치환(1, 2~6 ⇒ A, B~F)하면, 정답은 CAFE입니다.

퀴즈 089 정답: 밀림으로 기린 찾으러

프로펠러 색상은 상하 또는 좌우 대칭이며, 검정색은 의미가 없습니다.

가운데 田 에 있는 보라색을 삼원색(빨강, 파랑)으로 분리하면,

(빨강)와 (파랑)이며, 이를 포함하여 색상별로 나누어

한글 자음, 모음으로 나타내면 정답은 아래와 같습니다.

빨강: □□ㄹ(=ㄹㄹ)□□ (=) ⇒ ㅁ ㅣ ㄹ ㄹ ㅣ ㅁ : 밀림

파랑: □□□□□ ⇒ ㄱ ㅣ ㄹ ㄴ : 기린

퀴즈 090 정답: 2번 프랑스

화학교사가 남긴 숫자는 원자번호입니다.

4개 원자번호에 맞는 원소기호를 적어 보면, 9는 F(불소), 88은 Ra(라듐), 7은 N(질소), 58은 Ce(세륨)입니다.

원소기호를 순서대로 적으면 F, Ra, N, Ce로서 철자를 합하면 FRaNCe이므로 면식범은 프랑스로 갔습니다.

퀴즈 091 정답: EAST(동쪽)

방향 등식에 관한 성냥개비 문제이며, 정답은 아래와 같이 EAST(동쪽)입니다.

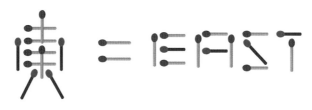

퀴즈 092 정답: 400M

거리 등식에 관한 성냥개비 문제이며, 정답은 아래와 같이 1里 = 400M입니다.

퀴즈 093 정답: 모기

다섯 개의 큐빅 판을 왼쪽(아래)부터 오른쪽(위)까지 쌓은 후, 정면에서 바라보면 아래와
같습니다.

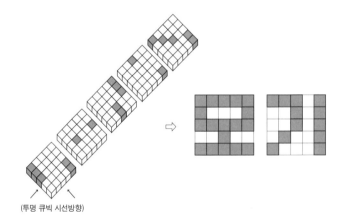

(투명 큐빅 시선방향)

퀴즈 094 정답: saturn(토성)

해왕성을 제외한 7개 행성을 영어단어로 적으면, 수성: mercury, 금성: venus, 지구: earth,

화성: mars, 목성: jupiter, 토성: saturn, 천왕성: uranus입니다.

영어 퍼즐을 완성하면 아래와 같으며, 노란색의 중심 행성은 saturn입니다.

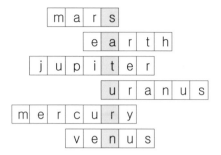

퀴즈 095 정답: 20일

산악인별 2개의 산을 첫 글자 자음순(ㄱ~ㅎ)으로 이름을 열거해 보면,
금강산, 내장산, 도봉산, 광림산, 무등산, 백두산, 수락산, 오대산, 지리산, 치악산, 칼봉산,
태백산, 팔봉산, 한라산입니다. (다른 산 이름도 가능함)
산 이름 첫 글자 자음순(ㄱ~ㅎ)으로 지정번호(1~14)를 부여하고,
2개의 산 지정번호를 더하면 등반일수가 되며, 정답은 20일입니다.

금강산(1) + 치악산(10) = 11일
태백산(12) + 지리산(9) = 21일
무등산(5) + 팔봉산(13) = 18일
한라산(14) + 백두산(6) = ? = 20일

퀴즈 096 정답: 호랑이

그래프 윗부분 좌표를 살펴보면, 가로는 자음순(왼쪽에서 오른쪽, ㄱ~ㅎ), 세로는 모음순
(아래에서 위, ㅏ~ㅣ)으로 가로, 세로 교차점은 글자의 초성과 중성이며, 아랫줄은 받침(왼

쪽에서 오른쪽, ㄱ~ㅎ) 종성입니다. 삼각형은 첫 번째 글자, 사각형은 두 번째 글자, 원은
세 번째 글자입니다.

빨강, 노랑, 파랑, 검정 색상별로 글자(자음, 모음, 받침)를 적어 보면,

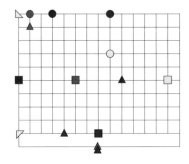

빨강: 능소니(ㄴ+ㅇ, 소, 니)

노랑: 개호주(ㄱ+ㅏ+ㅣ, 호, 주)

파랑: 망아지(ㅁ+ㅇ, 아, 지)

검정: 초고리(초, 고, 리)입니다.

이들 부모(어미)는 '곰, 호랑이, 말, 매'로
노란색 부모는 호랑이입니다.

퀴즈 097 정답: 슈퍼맨

스마트폰이므로 액정은 직사각형이며, 스마트폰 액정 9조각을 붙이면, 정답은 아래와 같
이 슈퍼맨입니다.

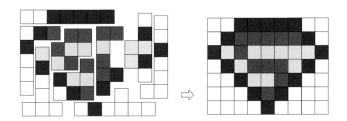

퀴즈 098 정답: CAT

벌집 12개 조각을 합하면 아래와 같으며, 정답은 CAT(고양이)입니다.

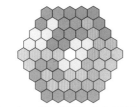
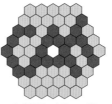

〈12개 조각을 색상을 입혀 구분한 모양〉　　〈색상을 지운 모양〉

퀴즈 099 정답: 10$

디지털 시계는 카지노 아르바이트 출퇴근 시간을 나타내며, 시계 색깔을 삼원색(빨강, 파랑)으로 분리하면 아래와 같습니다. [보라(=빨강+파랑)]

(빨강) AM 09:50
(파랑) PM 16:20

트럼프 카드 무늬 개수(1, 2 … 26)는 알파벳 순서(A, B … Z)에 해당하는 철자이며, 검정색(스페이드, 클로버)은 자음, 빨강색(다이아몬드, 하트)은 모음을 나타냅니다.

무늬 개수, 색깔을 고려하여 영어 철자로 치환하면 아래와 같습니다.

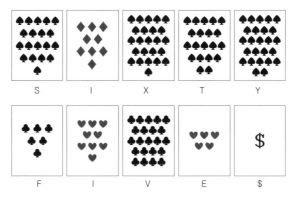

디지털 시계와 트럼프 카드 무늬를 종합하면, 뇌섹인은 6시간 30분 일하고, 65$ 받은 것으로 시간당 10$ 받았습니다.

퀴즈 100 정답: 3번 천자문 강사 32세 김천자

한자 29개(중복 가능)를 사용하여 성냥 10개의 4자 성어를 만든 후, 좌측의 4자 성어 말잇
기로 빈칸을 채우면 아래와 같습니다.

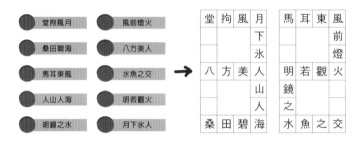

빈칸은 32 또는 23 형태로 채워지게 되어 정답은 32세 김천자 씨입니다.

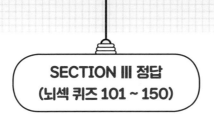
퀴즈 101 정답: Cape

영어단어를 순서대로 해석하면, 곡, 곧, 곰, 곳, (   )이고, 해석된 한글 종성을 순서대로 살펴보면, ㄱ, ㄷ, ㅁ, ㅅ, (ㅈ)으로 자음 2개 차이 순열입니다.

자음 순열에 따라 괄호 안은 종성 ㅈ의 한글 단어 '곶'이 되며, 영어단어로는 Cape입니다.

퀴즈 102 정답: 아래와 같음

도형의 순서는 교점과 관련된 일련의 도형 모임으로써 교점을 세어 보면 순서대로 3, 1, 4, 1, 5, ?, 2입니다. 숫자는 π(파이)의 숫자로서 물음표에 해당되는 숫자는 9이며, 일련의 도형 모임에 물음표에 들어가는 도형은 구각형입니다.

(교점 9개인 다른 도형도 정답 가능함)

퀴즈 103 정답: 아래와 같음

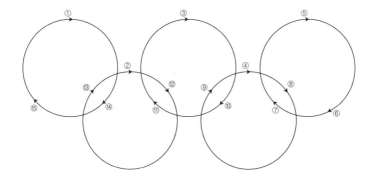

퀴즈 104 정답: 말 그림(🐎) 등

동물을 한자로 쓰면, 牛, 羊, 虎, (?), 蛙이고, 한자 획수를 보면 4, 6, 8, ( ), 12로 획수 2획 차이 순열입니다.
물음표는 10획의 동물 한자가 들어가는 馬 등으로 정답은 말 그림 등입니다.

퀴즈 105 정답: 보라

자기 자신만을 안다는 것은 숫자 소수(素數)를 의미하며, 무지개 색깔(빨강, 주황, ~, 보라) 을 숫자(1, 2, ~, 7)로 치환하면, 소수(素數) 집합인 17, 13, 11, ( ), 5, 3, 2가 되어 괄호는 7 입니다.

1 7	1 3	1 1	(?=7)	5	3	2

숫자 7을 무지개 색깔로 재치환하면, 정답은 아래와 같이 보라입니다.

퀴즈 106 정답: V3s

우주여행 나침반 8개 조합(알파벳, 숫자)은 8개 행성(수성 Mercury, 금성 Venus, 지구 Earth, 화성 Mars, 목성 Jupiter, 토성 Saturn, 천왕성 Uranus, 해왕성 Neptune)을 암시하며, 회전 방향은 행성 순서는 아닙니다.
각 조합(알파벳, 숫자)은 중심으로부터 첫 대문자는 행성의 첫 철자를, 끝 소문자는 행성 의 끝 철자를, 숫자는 첫 철자와 끝 철자 사이의 철자 수를 나타냅니다.

정답은 아래와 같이 8개 행성 중에서 빠져 있는 Venus의 V3s입니다.

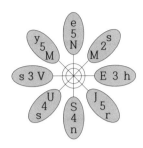

퀴즈 107 정답: 아래와 같음

인도 Ssehc 마을은 체스(인도는 체스 기원국, Ssehc는 Chess 철자를 거꾸로 적음)를 암시합니다.

선분은 왼쪽에서부터 순서대로 체스(Chess)의 8개 기물인 룩(Rook), 나이트(Knight), 비숍(Bishop), 킹(King), 퀸(Queen), 비숍(Bishop), 나이트(Knight), 룩(Rook)이 갈 수 있는 길(행마)을 나타낸 것입니다.

물음표는 퀸(Queen)이 갈 수 있는 선분으로 아래와 같습니다.

퀴즈 108 정답: 아래와 같음

은행알 씻음과 어머니께서 회사 근무하던 일은 은행 업무를 의미하고, 젓가락은 주판틀, 은행알은 주판알을 의미합니다.

은행알 배치는 곱셈식으로, 차례대로 계산하여 나타내면 아래와 같습니다.
(주판틀 상단의 5를 나타내는 은행알 1개는 보이지 않는 상태임)

$3×3 = (9) \rightarrow 4$, $1×3 = (3) \rightarrow 3$, $2×2 = (4) \rightarrow 4$, $3×2 = (6) \rightarrow 1$

퀴즈 109 정답: Fire

영어단어를 한자로 바꾸어 계산하면 아래와 같습니다.

Go - Live ⇒ 往(갈왕) - 住(살주) = ノ = A
Cow - Day ⇒ 牛(소우) - 午(낮오) = ㅣ = B
Husband - Sky ⇒ 夫(지아비부) - 天(하늘천) = ㅣ = C
Dog - Big ⇒ 犬(개견) - 大(클대) = 丶 = D입니다.

A + B + C + D = ? = ノ ㅣㅣ 丶 (灬, 불화) 로서 영어단어로 재치환하면 정답은 Fire입니다.

퀴즈 110 정답: K

발음과 철자상 마네킹(MANNEQUIN)에게는 없고 돈키호테 기사(KNIGHT)에게는 있습니다.

철자상 뱀(SNAKE)에게는 있고 개(DOG)에게는 없습니다.

아이(KID)에게는 보여도 어른(ADULT)에게는 보이지 않습니다.

kg, km, 18K 등 일상생활에 자주 사용하며, K-LEAGUE, K-POP, K-FOOD 등 머리띠를 붙이면 해외에서도 유명합니다.

공통으로 들어가는 나는 K입니다.

퀴즈 111 정답: 20

삼각형 모양이 된 9개 포켓볼의 삼각형 변의 숫자의 합은 20이 되며, 배열은 아래와 같습니다.(다른 정답도 가능함)

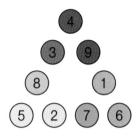

퀴즈 112 정답: 10

삼각형 모양이 된 6개 포켓볼의 삼각형 변의 숫자의 합은 10이 되며, 배열은 아래와 같습니다.(다른 정답도 가능함)

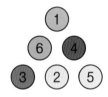

퀴즈 113 정답: 10

쌍둥이 마을이므로 문제의 숫자를 같은 숫자 두 개로 보아 계산하면, 정답은 10입니다.

$2×2 + 3×3 + 6×6 = (49) = 7×7$

$1×1 + 4×4 + 8×8 = (81) = 9×9$

$4×4 + 7×7 - 1×1 = (64) = 8×8$

$1×1 + 1×1 + 3×3 + 5×5 = (36) = 6×6$

$6×6 + 9×9 - 1×1 - 4×4 = (100) = ? = 10×10$

퀴즈 114 정답: 싱가폴

약품은 화학기호(원자번호, 원소기호)를 암시합니다.
나라별 무지개색 순서대로 숫자(가로, 세로 2자리 수)를 조합한 후,
해당 숫자를 원자번호로 보고 원소기호로 치환하여 철자를 합하면 아래와 같습니다.

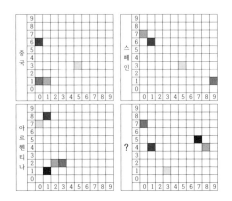

중국은 06(C, 탄소), 01(H, 수소), 53(I, 요오드), 11(Na, 나트륨)로 CHINa,
스페인은 16(S, 황), 91(Pa, 프로탁티늄), 53(I, 요오드), 07(N, 질소)로 SPaIN,
아르헨티나는 18(Ar, 아르곤), 32(Ge, 게르마늄), 07(N, 질소), 22(Ti, 티타늄), 11(Na, 나트륨)로 ArGeNTiNa,
?는 14(Si, 규소), 07(N, 질소), 31(Ga, 갈륨), 84(Po, 폴로늄), 75(Re, 레늄)로 SiNGaPoRe
가 됩니다.
물음표의 매트릭스 코드 국가는 싱가폴입니다.

퀴즈 115 정답: 9

한글 자음(ㄱ, ㄴ, ~, ㅎ), 모음(ㅏ, ㅑ, ~, ㅣ)을 숫자(빨강 1~14, 파랑 1~10)로 지정합니다.
지정 숫자를 한글 자음, 모음으로 치환하여 획순 가감으로 계산하고,
계산 결과를 지정 숫자로 재치환하면, 정답은 아래와 같습니다.

11 - 1 + 3 = ㅋ - ㄱ + ㄷ = ㅌ = 12
10 - 7 + 8 = ㅊ - ㅅ + ㅇ = ㅎ = 14
1 - 10 + 3 = ㅏ - ㅣ + ㅓ = ㅕ = 4
6 - 9 + 5 = ㅛ - ㅡ + ㅁ = ㅂ = 6
13 - 6 + 7 = ㅍ - ㅛ + ㅅ = ㅈ = ? = 9

퀴즈 116 정답: 아래와 같음

신(god)과 함께 하는 단어는 신들(동음이의어)로, 주어진 철자를 단어로 조합하면, neo(신: 새로운), shoe(신: 신발), sour(신: 맛이 신), scene(신: 장면)이 됩니다.
조합된 단어로 신들의 퍼즐을 채우면 정답은 아래와 같습니다. (shoe와 sour는 바꿀 수 있음)

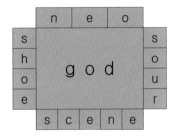

퀴즈 117 정답: 수풀

수첩에 보이는 글자는 한자 요일 日에서 木으로 본 것입니다.
원시라 손을 당기면 한자는 2겹으로 보이고, 뜻은 아래와 같으며, 물음표의 정답은 수풀입니다.

日(날 일)	月(달 월)	火(불 화)	水(물 수)	木(나무 목)
昍(밝을 훤)	朋(벗 붕)	炏(불꽃 개)	沝(두갈래강 추)	林(수풀 림)

퀴즈 118 정답: 26

육각형 별 모양의 각각 일렬로 된 4개의 포켓볼 숫자의 합은 26이 되며, 배열은 아래와 같습니다.(다른 정답도 가능함)

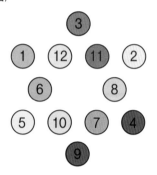

퀴즈 119 정답: 7

파트너는 'ㅐ'가 들어가는 1글자 단어로서 호감도는 두 단어 간 자음(가나다순) 공백 수치입니다. 파트너별 호감도 지수를 표로 나타내면 아래와 같으며, 정답은 7입니다.

개	내	대	래	매	배	새	애	재	채	캐	태	패	해
←				6			→						
			←	1	→								
	←				9						→		
					←		7						→

퀴즈 120 정답: 0

평평함은 even(짝수), 이상함은 odd(홀수)로 0은 짝수도 홀수도 아닙니다.
불났음은 미사일 발사 시 0을 외치는 fire를 말하며, 사랑함은 테니스 점수 0인 love를 말합니다.

죄의 sin은 수학에서 동자이의어 Sin으로 Sin 180도 값은 0이며, 모든 수에 0을 곱하면 모든 수를 없애고 0이 됩니다.

부부 사이 존재는 0촌을 의미하며, 통나무 1개인 log 1 = 0입니다.

공통으로 유추하여 들어가는 정답은 0입니다.

퀴즈 121 정답: 키위

14 종류의 과일(노니, 람부탄은 열대과일)은 가나다순으로, 심령술사는 초성 ㄱ~ㅎ에 해당하는 과일을 1~14 숫자와 치환하며, A~D 카드의 고유번호(A=1, B=2, C=4, D=8)도 사전에 알고 있습니다.

심령술사는 뇌섹인들에게 14 종류의 과일 중 하나를 기억하라고 하며, 아래 마법 카드 4장을 순서대로 보여 주며 과일이 있는지 대답을 듣습니다.

A	귤	딸기	메론		B	노니	딸기	배
사과	자두	키위	포도		사과	참외	키위	홍시
C	람부탄	메론	배		D	아보카도	자두	참외
사과	토마토	포도	홍시		키위	토마토	포도	홍시

심령술사는 뇌섹인들의 대답 중에서 과일이 있다고 대답한 카드의 고유번호(1, 2, 4, 8)만을 합하여 자음(ㄱ~ㅎ)으로 치환하여 과일을 맞춥니다.

현무씨가 생각한 과일은 A, B, D 카드에 있고, 고유번호(1, 2, 8)를 합하면 11이며, 11번째 자음으로 치환하면 초성 ㅋ으로 정답은 키위입니다.

퀴즈 122 정답: 119

꼬리 부분은 서로 수직이고, 꼬리 부분의 길이는 CD=CA, DE=DB, EF=EC, FG=FD, GH=GE이므로 피타고라스 정리에 의하여

선분 AB^2 + 선분 BC^2 = (선분 CA^2) = 선분 CD^2, ⋯ ,

선분 EF^2 + 선분 FG^2 = (선분 GE^2) = 선분 GH^2이 되고,

AB=a, BC=b, CD=c라 하면, $a^2+b^2=c^2$입니다.

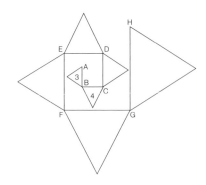

상기 $a^2+b^2=c^2$에서 양변에 $\sqrt{3}/4$을 곱하면, $a^2 \times \sqrt{3}/4 + b^2 \times \sqrt{3}/4 = c^2 \times \sqrt{3}/4$이 되고, 한 변 a(=AB) 정삼각형 면적 + 한 변 b(=BC) 정삼각형 면적 = 한 변 c(=CD) 정삼각형 면적이 됩니다. (한변 x인 정삼각형 면적 = $x^2 \times \sqrt{3}/4$)

7개의 정삼각형 면적은 차례대로 3, 4, 7(=3+4), 11(=4+7), 18(=7+11), 29(=11+18), 47(=18+29)이 되며, 전체 면적은 119입니다.

퀴즈 123 정답: 포도

5개 과일별 다이어트 하는 날짜를 적어 보면,

    레몬은 5, 12, 13, 14, 15,

    메론은 5, 12, 13, 14, 15,

    망고는 1, 7, 13, 14, 15,

    복숭아는 1, 3, 5, 8, 16,

물음표는 1, 5, 7, 16, 18입니다.

각각의 숫자(1~18)를 알파벳 순서(A~R)로 치환하면,

    레몬은 E, L, M, N, O,

    메론은 E, L, M, N, O,

    망고는 A, G, M, N, O,

    복숭아는 A, C, E, H, P

물음표는 A, E, G, P, R이 됩니다.

알파벳을 해당 과일 영어단어(LEMON, MELON, MANGO, PEACH, GRAPE)로 조합하면, 물음표는 포도가 됩니다.

퀴즈 124 정답: 5225

25개로 구성된 5개 큐빅 판을 왼쪽(아래)부터 오른쪽(위)까지 쌓은 후, 동서남북 각각 앞에서 바라보면 정답은 아래와 같습니다.

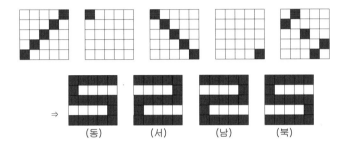

(동)　　　(서)　　　(남)　　　(북)

퀴즈 125 정답: 흰색

지중해 8개국은 인접한 유럽, 아프리카 국가를 의미하며, 바람개비 색깔은 8개국의 가로, 세로 3색 국기를 나타냅니다.
가로 3색 국기, 세로 3색 국기 색깔은 아래와 같으며, 물음표에 들어가는 정답 색깔은 흰색입니다.

퀴즈 126 정답: 거미

가로축(24줄)과 눈에 보이지 않는 세로축(5줄) 교점을 세로축 숫자(아래에서 위로 1~5)로
적어 보면,

    1, 1, 2, 3, 3, 3, 3, 2, 1, 2, 3, 1,   1, 1, 2, 3, 3, 3, 3, 2, 1, 2, 3, 1,

    3, 3, 4, 5, 5, 4, 3, 4, 5, 3,   1, 1, 2, 3, 3, 3, 3, 2, 1, 2, 3, 1입니다.

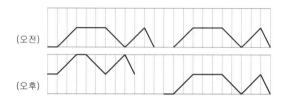

해당 숫자(1~5)를 계이름(도~솔)으로 치환하면,

    도도레 미미미미 레도레미도,   도도레 미미미미 레도레미도,

    미미파 솔솔 파미파솔미,   도도레 미미미미 레도레미도입니다.

노래는 동요 거미로서 심장박동 파형이 나타내는 동물은 거미입니다.

퀴즈 127 정답: 120호

선수들이 둥그렇게 손을 잡음은 정다각형을 의미하며, 구기운동 선수 숫자는 정다각형 숫
자를 나타내며, 방 호실은 정다각형 한 내각의 각도(소수점은 반올림)를 나타냅니다.
정다각형 내각의 합은 (N-2)*180이고, 정다각형 한 내각은 (N-2)*180/N으로 구기운동별
선수들이 손을 잡은 한 내각을 계산하면 아래와 같으며, 배구선수의 방은 120호입니다.

농구 선수 5명		정오각형		한 내각 108도		108호
배구 선수 6명		정육각형		한 내각 120도		120호
핸드볼선수 7명	⇒	정칠각형	⇒	한 내각 129도	⇒	129호
야구 선수 9명		정구각형		한 내각 140도		140호
축구 선수 11명		정십일각형		한 내각 147도		147호

퀴즈 128 정답: 호랑이

스파이가 남긴 메시지를 명사 위주로 해석해 보면,

아이(I)가 쥐(G)에 물려 피(P)를 흘리다.

해충인 이(E) 2(E)마리가 비(B)에 젖다.

티(T)셔츠 입은 아이(I)가 쥐(G)에게 알(R) 2(E)개를 주다.

각 문장의 영어 철자를 조합하면, PIG(돼지), BEE(벌), TIGER(호랑이)가 되며, 물음표의 정답은 호랑이입니다.

퀴즈 129 정답: 아래와 같음

테트리스 8개 조각을 순서대로 붙이면 정답은 아래와 같습니다.

퀴즈 130 정답: 雨(비우)

문장의 단서가 되는 키워드를 한자로 바꾸면, 아래와 같습니다.

아이 아(兒)		무지개 예(霓)
수풀 림(林)		장마 림(霖)
길 로(路)	+ ?(나)	이슬 로(露)
밭 전(田)	⇒	우레 뢰(雷)
돼지머리 계(彐)		눈 설(雪)
쌀 포(包)		우박 박(雹)
힘쓸 무(務)		안개 무(霧)

천사가 되고, 악동이 되며 공통으로 들어가는 나는 雨(비우)입니다.

퀴즈 131 정답: 아래와 같음

성냥개비 6개를 이동해 보면, 정답은 아래와 같습니다.

[ㅁㅣㄹㄹㅣㅁ(밀림) = Jungle]

퀴즈 132 정답: SEOUL(서울)

배트맨(박쥐)은 인간과 달리 잠을 거꾸로 자므로 뇌섹인은 배트맨이 누운 것처럼 180도 회전하여 누우면 성냥개비 문제는 아래와 같게 됩니다.

성냥개비 3개를 아래와 같이 이동하면 배트맨의 은신처는 서울입니다.

퀴즈 133 정답: rabbit(토끼)

동물들 10마리를 영어로 좌측부터 차례대로 적어 보면,
개(dog), 독수리(eagle), 코끼리(elephant), 하마(hippo), 기린(giraffe), 표범(leopard), 타조(ostrich), 올빼미(owl), 토끼(rabbit), 호랑이(tiger)입니다.

개	독수리	코끼리	하마	기린	표범	타조	올빼미	토끼	호랑이

동물들의 릴레이는 영어단어 끝 철자 잇기를 뜻하며, 10개 영어단어 철자를 이어 보면, 정답은 아래와 같이 rabbit입니다.

ostrich ⇒ hippo ⇒ owl ⇒ leopard ⇒ dog ⇒
giraffe ⇒ eagle ⇒ elephant ⇒ tiger ⇒ rabbit

퀴즈 134 정답: 나비, 바퀴벌레

곤충 2마리는 한국과 멕시코의 곤충을 의미하며, 응원가는 곤충 제목의 노래(한국 동요 '나비야', 멕시코 민요 '라쿠카라차')를 의미합니다.

벽돌과 울타리는 자음(ㄴ, ㄹ, ㄹ, ㅂ, ㅋ, ㅋ, ㅊ), 모음(ㅏ 6개, ㅣ)으로 글자를 조합하면, 정답은 아래와 같이 나비와 라쿠카라차(바퀴벌레)입니다.

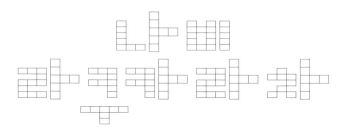

퀴즈 135 정답: 노랑(yellow)

영어 퍼즐로써, 수직 노란색을 의미 있는 단어(rainbow)로 채우면서 일곱 무지개색을 영어단어로 채우면, 아래와 같습니다.

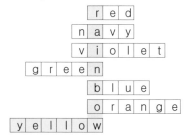

새로운 무지개색 순서는 윗줄에서부터 빨, 남, 보, 초, 파, 주, 노로써 마지막줄에 위치하는 서열의 막내는 노랑(yellow)입니다.

퀴즈 136 정답: LADDER(사다리)

요청한 것은 1층 건축이 완료될 무렵으로 2층 건축에 필
요한 물품이며, 건축가 에드라드(EDLARD) 철자에서 직
선을 수직으로 긋고, 사다리타기를 하면 정답은
LADDER(사다리)입니다.

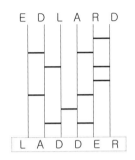

퀴즈 137 정답: 타일러

전자카드의 각 숫자는 한글 자음(1~14), 모음(1~10)을 치환한 것이며, 1행은 첫 글자(초
성, 중성, 종성), 2행은 두 번째 글자(초성, 중성, 종성), 3행은 세 번째 글자(초성, 중성, 종
성)를 나타냅니다.

A			B			C			D		
14	1	*	1	10	5	9	3	2	12	1	*
7	3	1	9	10	*	14	4	2	8	10	4
9	10	2	7	3	1	5	7	*	4	3	*

각 숫자를 이름 세 글자로 치환하면,
  A(하석진): 하(14, 1), 석(7, 3, 1), 진(9, 10, 2)
  B(김지석): 김(1, 10, 5), 지(9, 10), 석(7, 3, 1)
  C(전현무): 전(9, 3, 2), 현(14, 4, 2), 무(5, 7)
  D(타일러): 타(12, 1), 일(8, 10, 4), 러(4, 3)로서
D 전자카드 주인은 타일러입니다.

퀴즈 138 정답: 10

커플은 제곱을, 명단은 더하기를, 큐빅은 의자번호의 세제곱을 의미합니다.

알파벳을 숫자로 치환(A, B, C … ⇒ 1, 2, 3 …)하고, 상기 의미대로 등식을 만들어 보면, 정답은 아래와 같이 10입니다.

BB(2×2) + KK(11×11) = (125) = 5×5×5 = 5

BB(2×2) + DD(4×4) + NN(14×14) = (216) = 6×6×6 = 6

AA(1×1) + BB(2×2) + GG(7×7) + QQ(17×17) = (343) = 7×7×7 = 7

FF(6×6) + HH(8×8) + JJ(10×10) + WW(23×23) = (729) = 9×9×9 = 9

RR(18×18) + ZZ(26×26) = (1000) = ? = 10×10×10 =10

퀴즈 139 정답: PARK(공원)

줄무늬 지렁이 다섯 마리의 출발 전 모습을 보면 아래와 같으며, 지렁이 달리기 장소는 PARK(공원)입니다.

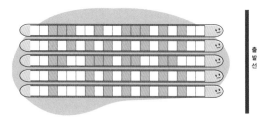

퀴즈 140 정답: Ass(당나귀)

고전적인(Classic), 열정적인(Passionate)에 철자로 포함되어 있습니다.
매사추세츠(Massachusetts)에 있고, 캘리포니아(California)에 없습니다.
카시오페이아(Cassiopeia)에 있고, 계수나무(Cassia)에도 들어 있습니다.
과제(Assignment)와 마사지(Massage)에도 들어 있습니다.
또한 나(Ass)는 외계인(ET)을 만나면 부자(Asset, 자산)가 됩니다.
공통으로 들어가는 나는 Ass(당나귀)입니다.

퀴즈 141 정답: KOREA

어디에서 왔는지는 국적에 관한 문제이며, 정답은 아래와 같습니다.

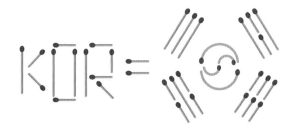

퀴즈 142 정답: 九五

25개로 구성된 5개 큐빅 판을 왼쪽(아래)부터 오른쪽(위)까지 쌓은 후, 정면에서 바라보면
아래와 같습니다.

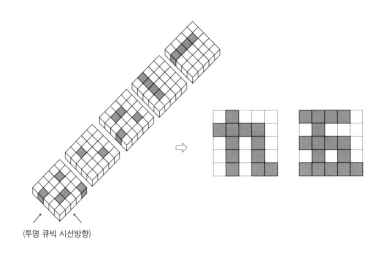

(투명 큐빅 시선방향)

퀴즈 143 정답: 키즈카페

갑각모자의 평소 웃기 시작(ㅋㅋ)함은 'ㅋ'에서 출발함을 의미하고,
서로 업어 주기를 좋아함은 자음 자리에서는 가재 아들(子)이 대게 엄마를 업고 수직(가재가 앞뒤로만 이동하는 것처럼 상하 방향)으로 이동하고, 모음 자리에서는 대게 엄마(母)가 가재 아들을 업고 수평(대게가 옆으로만 이동하는 것처럼 좌우 방향)으로 이동을 의미합니다.

우측 상단 'ㅋ'에서 출발하여 자음(가재 아들, 수직), 모음(대게 엄마, 수평) 방향으로 자음, 모음 순서에 해당하는 아라비아 숫자 순서(ㄱ~ㅎ ⇒ 1~14, ㅏ~ㅣ ⇒ 1~10)만큼 이동하면 아래와 같습니다.

첫 출발지 자음 ㅋ에서 가재 아들이 수직 중 갈 수 있는 아래로(↓11),
다음 도착지 모음 ㅣ에서 대게 엄마가 수평 중 갈 수 있는 왼쪽으로(←10), 같은 방식으로 ㅈ에서 위로(↑9), ㅡ에서 오른쪽으로(→9), ㅋ에서 아래로(↓11), ㅏ에서 왼쪽으로(←1), ㅍ에서 위로(↑13), ㅓ에서 왼쪽으로(←3), ㅣ에서 아래로(↓10), .(마침표)에서 이동을 마치면서 지나온 자음, 모음을 조합하여 보면, 'ㅋㅣㅈㅡㅋㅏㅍㅓㅣ'로, 갑각모자 핫 플레이

232

스는 키즈카페입니다.

ㄱ	ㅜ	ㄴ	ㅛ	ㄷ	ㅗ	ㄱ	ㄷ	ㅣ	ㅅ	ㅑ	ㅓ	ㅏ	ㅋ
ㅠ	ㅇ	ㅗ	ㅋ	ㅗ	ㅅ	ㅌ	ㅗ	ㅂ	ㅍ	ㅎ	ㅜ	ㅗ	ㅁ
ㅍ	ㅌ	ㄹ	ㅡ	ㅁ	ㅎ	ㅣ	ㅏ	ㅑ	ㅜ	ㅌ	ㅋ	ㄹ	ㄷ
ㄷ	ㅊ	ㅎ	ㅇ	ㅓ	ㄱ	ㅓ	ㄴ	ㅑ	ㄷ	ㅏ	ㅍ	ㅓ	ㄹ	ㅗ
ㅡ	ㅈ	ㅣ	ㅗ	ㅇ	ㅇ	ㅡ	ㅌ	ㅇ	ㄹ	ㅜ	ㅁ	ㅇ
ㅣ	ㅋ	ㅎ	ㅗ	ㅜ	ㅠ	ㅜ	ㅣ	ㄴ	ㅜ	ㅁ	ㅗ	ㄴ	ㄱ
ㅜ	ㅊ	ㅑ	ㅋ	ㅈ	ㅓ	ㅗ	ㅂ	ㅁ	ㅓ	ㄷ	ㅛ	ㅍ
ㅂ	ㅈ	ㅓ	ㅛ	ㅇ	ㅈ	ㅈ	ㄴ	ㄹ	ㄹ	ㅌ	ㄴ	ㅂ	ㅏ
ㅏ	ㅊ	ㅍ	ㅜ	ㅛ	ㅣ	ㅎ	ㅓ	ㅍ	ㅓ	ㅑ	ㄹ
ㄱ	ㅈ	ㅑ	ㅊ	ㅅ	ㅂ	ㅈ	ㅈ	ㅇ	ㅇ	ㄹ	ㅅ	ㅣ	ㅁ	ㅠ
ㅁ	ㅜ	ㄹ	ㄱ	ㅗ	ㅑ	ㄴ	ㅡ	ㆍ	ㅣ	ㅜ	ㅅ	ㅡ
ㅇ	ㅇ	ㅌ	ㅈ	ㅗ	ㅊ	ㅈ	ㅛ	ㅜ	ㅇ	ㅍ	ㅑ	ㅋ
ㅗ	ㅎ	ㅋ	ㅓ	ㅇ	ㅅ	ㅓ	ㅂ	ㄴ	ㅛ	ㅓ	ㄹ	ㄱ	ㅜ
ㅊ	ㅅ	ㅂ	ㅁ	ㄹ	ㄷ	ㅕ	ㅇ	ㅜ	ㅓ	ㅌ	ㅍ	ㅏ	ㅎ

참고로 자음, 모음 이어진 단어로 놀이공원, 독도, 동물원, 박물관, 워터파크 등이 보입니다.

퀴즈 144 정답: 대구

메모지 8조각을 회전하여 맞추어 보면 아래 왼쪽과 같으며, 점선 없이 보면 아래 오른쪽과 같이 3차원적인 입체 글씨가 보입니다. 스파이의 고향은 대구입니다.

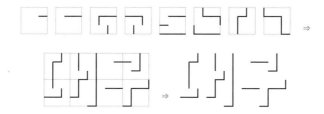

퀴즈 145 정답: buck(수사슴)

사냥꾼이 소리를 내지 않음은 영어단어의 묵음을 의미합니다.
사냥꾼의 행동에 관련된 주요 단어는 혀, 엄지손가락, 무릎, 근육으로 영어단어로 적어 보

233

면, tongue, thumb, knee, muscle이며, 침묵하며 소리를 내지 않는 각 단어의 묵음은 u, b, k, c입니다.

묵음의 영어단어 철자를 조합해 보면 buck로써 사냥꾼이 포획한 동물은 수사슴입니다.

퀴즈 146 정답: avengers

슈퍼 영웅들의 이름을 빈칸에 맞게 적어 보면, 친목회는 avengers입니다.

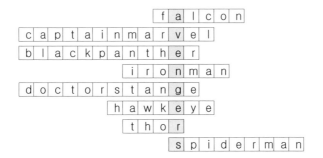

퀴즈 147 정답: 7

마트료시카는 러시아 인형( )으로서 팩토리얼을 의미하며, 작은 숫자는 정수, .(점)은 곱셈, 큰 숫자는 팩토리얼을 나타냅니다.

주어진 덧셈식을 풀이하면 아래와 같으며, 정답은 7입니다.

(2!=2, 3!=6, 4!=24, 5!=120, 6!=720, 7!=5040)

$$2.2 + 2.1 = 2×2! + 2×1! = 6 = 3! = 3$$
$$5.3 - 3.2 = 5×3! - 3×2! = 24 = 4! = 4$$
$$7.5 - 1.6 = 7×5! - 1×6! = 120 = 5! = 5$$
$$5.6 + 2.6 = 5×6! + 2×6! = 5040 = 7! = 7$$

퀴즈 148 정답: ET

테트리스이므로 방향은 바뀌어도 빈틈 없이 틀에 맞추어야 하며,
3D이므로 12조각, 48개 큐빅으로는 보따리에 적힌 숫자(18/30)에 따라 1단에 30개 큐빅,
2단(파란색)에 18개 큐빅으로 맞추어야 합니다.

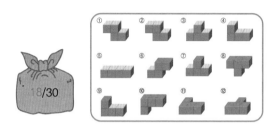

1, 2단 3D 테트리스를 맞추어 보면 아래와 같으며, 정답은 ET입니다.

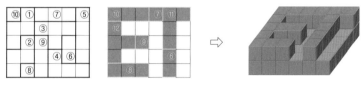

〈1단(좌), 2단(우) 테트리스 12조각 번호〉　　〈3D 테트리스 완성도〉

퀴즈 149 정답: RED DEVIL

메시지 철자는 빨강, 주황, 노랑, 초록, 파랑, 보라의 여섯 색상이며, 빨강, 노랑, 파랑 철자
는 그대로 적고, 주황(빨강+노랑), 초록(노랑+파랑), 보라(빨강+파랑) 철자는 삼원색(빨강,
노랑, 파랑)으로 분리하여 색상별 삼원색으로 적어 보면 아래와 같습니다.

〈빨강〉		〈파랑〉	〈노랑〉
R E		DI VY HLRO	IEAP M I PO
D		VA RN II KOPE、	I W S BOPI N IORLA.
	D	I I IE FOOIBAIL、	LIKF I OT LI.
	E	I WANT I M ET OU、	I VAII TO VFLI Y U.
V	I L	IP M 14 EA S OII	FRO YF RS LD

무의미한 파랑, 노랑 철자는 배제하고 빨강 철자를 순서대로 읽어 보면, 메시지를 보낸 축구팬은 RED DEVIL(붉은 악마, 1995년 12월생 24살) 입니다.

퀴즈 150 정답: 20개

아고라 게시판에 숨은 동물 이름은 아래와 같이 20개입니다.

forbearance(bear), rational(rat), dogmatic(dog), Hippocrates(hippo), crown(crow), oxygen(ox), molecule(mole), billion(lion), communication(cat), bathroom(bat), cocktail(cock), beer(bee), peel(eel), assassin(ass), bullet(bull), pigment(pig), comprehension(hen), coward(cow), bowler(owl), pants(ant)

참고로 해석된 본문입니다.

전공	인기 강연 주제
인문학	Wisdom of modern man learnt from a poet's forbearance (시인의 참을성에서 배우는 현대인의 지혜)
심리학	What is behind the Psychology of rational but dogmatic humans? (이성적이나 독단적 인간의 심리는 무엇인가?)
의 학	Medical instruments gotten from the Hippocrates crown (히포크라테스 왕관에서 얻은 의학용품)
화 학	What is the latest application of the oxygen molecule? (산소 분자 활용의 마지막은 어디인가?)
통신학	Fourth generation communication system for Asia's 3 billion (아시아 30억 인구를 위한 4세대 미래 통신)
건축학	Modern working mom-favored bathroom interior (현대 워킹맘이 좋아하는 욕실 꾸미기)
식품학	Fruit peel that goes well with cocktail and beer (칵테일과 맥주에 어울리는 과일 껍질)
영화학	The secret of the lost assassin's bullet (어느 암살자의 잃어버린 탄알의 비밀)
미술학	Comprehension of natural pigment artists speak of (미술가가 말하는 천연 물감 성분 이해하기)
체육학	Story of a cowardy bowler's training pants (겁쟁이 볼링 선수의 체육복 바지 이야기)

별지 1

뇌섹 퀴즈 019 (스파이의 행방)

뇌섹 퀴즈 069 (할아버지와의 만남)

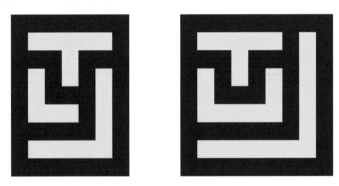

뇌섹 퀴즈 121 (과일을 맞춰라)

A	귤	딸기	메론	B	노니	딸기	배
사과	자두	키위	포도	사과	참외	키위	홍시
C	람부탄	메론	배	D	아보카도	자두	참외
사과	토마토	포도	홍시	키위	토마토	포도	홍시

별지 2

뇌섹 퀴즈 031, 032, 041, 042, 091, 092, 131, 132, 141

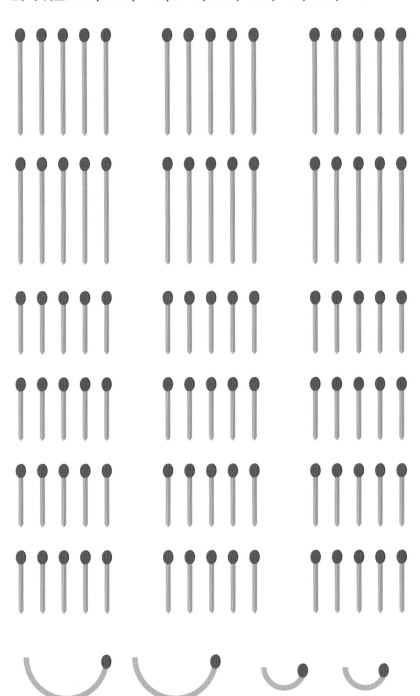

별지 3

뇌섹 퀴즈 061, 062, 067

① ② ③ ④

⑤ ⑥ ⑦ ⑧

뇌섹 퀴즈 111, 112, 118

① ② ③ ④ ⑤ ⑥

⑦ ⑧ ⑨ ⑩ ⑪ ⑫

뇌섹 퀴즈 048 (뜨개질 도면)

①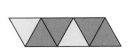
②
③

④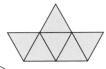
⑤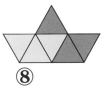
⑥

⑦
⑧
⑨

뇌섹 퀴즈 097 (스마트폰 주인)

①
②
③

④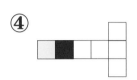
⑤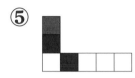
⑥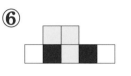

⑦
⑧
⑨

뇌섹 퀴즈 098 (부서진 벌집)

①
②
③
④

⑤
⑥
⑦
⑧

⑨
⑩
⑪
⑫

별지 5

뇌섹 퀴즈 129 (테트리스 벽지)

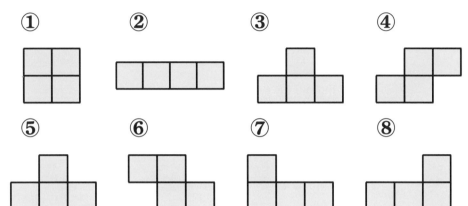

뇌섹 퀴즈 144 (스파이의 고향)

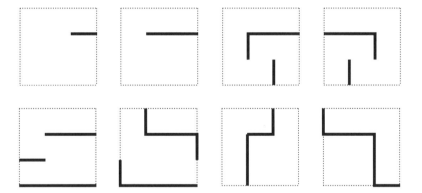

뇌섹 퀴즈

| 개정판 |

ⓒ 서범식, 2024

개정판 1쇄 발행 2024년 1월 5일

지은이   서범식
펴낸이   이기봉
편집   좋은땅 편집팀
펴낸곳   도서출판 좋은땅
주소   서울특별시 마포구 양화로12길 26 지월드빌딩 (서교동 395-7)
전화   02)374-8616~7
팩스   02)374-8614
이메일   gworldbook@naver.com
홈페이지   www.g-world.co.kr

ISBN   979-11-388-2642-6 (03030)